SIN BARRERAS

POESIAS

Jorge Luis Otero Hernández

PRÓLOGO

Sin barreras, es un sentimiento que lejos de poder lograrlo en el pasado, hoy donde la razón se acepta y la reconocen, escribo sin tener que ocultarme de lo que he sentido siempre;_ Escribir es uno de mis necesidades y entretenimiento, y de esa forma transporto mis ideas e inquietudes. Aquí y por este medio dejo claro que en poesías se puede llegar a todas las fronteras sin que se opongan, pues, las letras son libres en un país libre de hacer lo que uno desee y esté a su alcance.
Lejos de prohibiciones y obstáculos.
Me doy por agradecido sabiendo que este pequeño libro está al alcance de todas las personas que amen la poesía.
Gracias por adquirirlo y premiarme con su lectura.
Atentamente;

Jorge Luis Otero Hernández.

***

INTRODUCCIÓN

Aquí recopilando datos escritos del \ pasado, y que muchos de ellos volvieron a mis manos, gracias a mi madre que me los enviaba en cartas o con amistades que viajaban, y sin saber quizás me los hacían llegar. Es ahí con ese deseo y dispuesto a dejar plasmado mis letras, cumplo el compromiso que hice a mi madre un día…Es de saber que en un lugar, donde no se escriba en apoyo al sistema, es muy difícil o casi imposible hacer ver las obras escritas. A pesar de verse en ocasiones, artículos y ciertas proclamas que no han estado al alcance de estos que dirigen, puesto que serian sancionados; escribí desde hace mucho tiempo y ahora, donde me puedo expresar y dar la oportunidad que conozcan mis letras y el contenido de mis versos, continúo mi legado y mi estilo de exportar verdades que aun muchas personas que no tienen acceso (o, conocimiento de la internet) a interpretar las mismas. Hoy los brindo para que alcancen a ver algunas verdades que muchos, lejos de aceptarlas conociendo, las ponen en tela de juicio a conveniencia.
Les agradezco mucho su lectura. Atentamente.

Autor; Jorge Luis Otero Hernandez

Cuba nos une en extranjero suelo,
Auras de Cuba nuestro amor desea:
Cuba es tu corazón, Cuba es mi cielo,
Cuba en tu libro mi palabra sea.

Jose Martí.

INDICE

INFINITO

Del cielo recibo bendiciones
que me envían los ángeles buenos,
ellos desean verme vestido con su traje
y solo yo, alcanzo a saludarlos con mi pañuelo.

De allá del mismo firmamento…!
me llegan bendiciones fugaces,
quizás al buscarlas las encuentro
como fijar la mirada en los paisajes.

¡Qué energía más sublime siento!
creo que hasta los ángeles se han inspirado,
olvido por instantes los lamentos
y recuerdo todo lo que he soñado.

Éste año 2014 traerá bendiciones !?
espero que los ángeles bajen del infinito,
que lleguen a aplacar las desilusiones
y que éste paraíso florezca bonito…

¡Que los quejidos sean de alegrías!
que el mundo olvide los rencores,
que reluzca de Dios la sabiduría
y que nazcan nuevas y prosperas ilusiones.

LA CORRIENTE

Sentado en la orilla del río
esperando encontrar calma,
lanzo algunas piedras de filo
disfrutando como saltan en el agua.

Reflexiono solo mis penas
con la tranquilidad de las palmas,
observando como corre el agua
entre las filosas piedras.

Se mesen suavemente las ramas
de las palmas que estoy observando,
el agua con su murmullo me acaricia
tal y como si estuviera llorando.

Aquí sentado a la orilla del río
me acompaña mi soledad,
fiel, donde aun veo el bohío
lugar que visité con mi mama.

Siento la tranquilidad de mi alma
escucho como palpita mi corazón,
el murmullo del agua me da calma
la corriente del río me trae ilusión.

MUCHAS LUNAS

Pasaran muchas lunas
sin que puedan leer mi alma,
hoy mis letras te abruman
pero mi corazón está en calma.

En cada verso escrito
algún día verán la luna,
será un contenido exquisito
en ella verás la verdad pura.

Pasaran lluvias blancas
con su velo congelado,
la mirada estará triste
la luna no ha terminado.

En cada versos mis letras
empuñadas de las entrañas,
con verdades en recetas
para que las lean en calma.

Pasaran muchas lunas…!?
hasta que puedan entender,
lo injusto que a mí me abruma
por causas de ya saben quién…

SEGUIRÉ SOÑANDO

Descanso mis sueños en su regazo
después de arrancar del cielo un quejido,
no puedo alcanzarlo todo con mis brazos
prefiriendo saber que solo me haz querido.

Inédito amor que hoy desplazo
extendiendo todo el cariño que no expreso,
2014 que sueño… y tu amor repaso
como en soledad, reflexiona un preso.

La mirada traspasa los horizontes
el silencio murmura gran ternura,
los sueños reposan siendo torpes
pues al pensar en ti, siento dulzura.

Entierro en silencio el año pasado
pues hoy, hay que seguir viviendo,
guardo recuerdos por haber traspasado
todo lo vivido en gran misterio.

Mis sueños dormirán en su regazo…!
aunque del cielo escuche quejidos,
tratare de unir algunos lazos
sin creer que en el fondo, no me han querido.

(Enero de 2014)

SIN FILO

Sin filo la espada de un guerrero
sin ese amor, por el que luchó,
se rinde al verse frente al espejo
otra estrella le brinda su amor…

Ensangrentado los campos de batalla
corriendo por sus trillos la amargura,
se limpian el sudor con la toalla
porque se empaña con tristeza la armadura.

Ruedan cuerpos por los campos
cabalgan los valientes guerreros,
hacen justicia contra los malvados
aunque sufren por ver sangre en el suelo.

Se tiñe de rojo aquellos valles…!
se escuchan los quejidos del herido,
sin filo la espada… y da coraje
pelear por los que no te han querido.

Sin filo se guardan las espadas
en esa vaina que no se conquista,
el silencio con dolor se espanta
por tener los heridos a la vista.

(Enero de 2014)

MESES DEL AÑO

ENERO;

Comienzo y fin del año que se fue
lucha que continúa del año pasado,
seguimos el curso de todo lo bello
olvidando lo amargo, con un buen café.

FEBRERO;
Mes que con amor celebramos
pues, tiene un domingo para amar,
lo celebran todos los felices enamorados
pensando como siempre, en soñar.

MARZO;
Tercer mes del nuevo año
ya tomando el rumbo de la alegría,
te acostumbras a esperar los aniversarios
y celebrar como siempre cualquier día…

ABRIL;
Los árboles se sienten alegres
pues, la lluvia comienza a refrescar,
en este mes, para mi todo enternece
pues se expanden raíces que debo regar.

MAYO;
Llueve a cántaro todos los días

la tierra sonríe porque el agua ha llegado,
las frutas son espléndidas en jerarquía
pues, el dulzor, es que la lluvia las ha regado.

JUNIO;
Hermoso mes, como también sus días
caminando sin parar a medio camino,
se aproxíma la mitad de nueva alegría
así es el calendario y su sutil destino.

JULIO;
Mitad y más… del año cursante
preparando eventos que vuelven a llegar,
me encantaba Julio cuando fui estudiante
pues, para mi la escuela, era como soñar.

AGOSTO;
Mes triste para mis recuerdos…
jamás he podido olvidar lo que he llorado,
éste mes, para mí, es como si estuviera muerto
pues, desde entonces, no puedo borrar el pasado.

SEPTIEMBRE;
Florecen todas las bellas flores
y su aroma se expande con los vientos,
entre los jardines, no existen temores
pues, con una flor, nacen sentimientos.

OCTUBRE;
Víspera de fechas importantes !

Así piensan mis amigos y familiares,
Celebramos, como celebran los amantes
y admiramos como todos, los bellos paisajes.

NOVIEMBRE;
Cumplo años de haber nacido…
y lo celebramos como si fuera el primero,
por estar libre… aunque siga sufriendo
pues, izar mi bandera… es lo que deseo.

DICIEMBRE;
Mes en que el hijo de Dios vio la luz
y desde entonces existen los cristianos,
habrán diversas y falsas religiones
pero ante el juez supremo, todos somos hermanos.

CON EL CUCHILLO AFILADO

Con la piedra afilo el cuchillo
para cortar lo duro de la vida,
cortar las feas y crueles imágenes
para que renazcan nuevas alegrías.

En cada tiempo que he vivido
los desalientos han querido vencerme,
aunque he tratado de cortarlos
de alguna forma, ocupan mi mente.

Es por eso que seguiré afilando
mi cuchillo para llegar a la esperanza,
cortaré esas crueles imágenes
y que queden como constancia.

La piedra contiene tres ángulos…
para afilar de distintas maneras,
esa piedra forma un triángulo
para cortar, solo a mi manera.

Ya tengo el cuchillo afilado !
ya estoy cortando, y no se mella,
siento mi cielo bien despejado
espero tener suerte y mi vida llena.

CUBA, LLORA

Otro año esclavizados
rodeada de arenas negras,
con el agua ensangrentada
de balseros por sus quejas.

Lloran seres en la orilla
después de despedir a balseros,
que solo la libertad aspiran
como jugarse la vida en el ruedo.

Qué pasará por la mente
de los que prefieren morir,
a un naufragar sin suerte
sin poderse despedir..?

Llora Cuba, llora la vida,
lloran todos los seres queridos,
lloran, sin encontrar alegrías
lloran, sin haberlo merecido.

Otro año de esclavitud…
entre dos Américas grandes,
tan rodeados de ingratitud
con una pena gigante…

(Enero de 2014)

JIMMY RYCE,

Asesinado por un desarmado
violado y sepultado con cemento,
dejaron a toda una familia llorando
y aún no paga el asesino siniestro.

Algunas víctimas por su culpa…
porque el dolor ha sido contante,
él confesó, y aún no se asusta
aislado está en todo instante.

El padre aun desconsolado
mirando al asesino en televisión,
se ha mantenido como un soldado
a pesar de dolerle el corazón…

Dieciocho años llorando
…mirando cuando pasa el autobús,
la imagen de Jimmy la está mirando
sin conformarse en ver su cruz…

Cuántos depredadores existen ?
tal vez, queden algunos degenerados,
tenemos que proteger a nuestros hijos
porque pudieran ser por ellos atacados.

(26 de Septiembre de 1985)

11 de septiembre de 1995)

A la memoria de
Jimmy Ryce

RAYOS CLAROS

Rayos claros van cubriendo las sienes
después de acumular largas experiencias,
somos capaces de aconsejar si se quiere
pues basta, haber vivido más de la cuenta.

Por lo regular, tenemos ilusiones y esperanzadas
creemos que muchos deben seguir los consejos,
hay veces fracasamos en algunas señaladas
por no respetar, los consejos de los viejos.

La vida nos fue enseñando ¡quizás a golpes!
la experiencia pudo vencer a la vanidad,
los rayos claros, no significan que somos torpes
la experiencia, no aceptan que otros pierdan
libertad.

Hay quien se mira en su claro espejo…
y no acepta que el reloj marca sus horas,
van al doctor porque le sobra pellejo
y desean volver, porque ahora se les antoja.

Pienso que el orgullo, se trata de lo que hiciste
no de lo que dejaste en su tiempo hacer…
debes de reconocer si en tus años quisiste
y continuar erguido, porque supiste querer.

EN EL ANDÉN

Cabalgando en el andén del desespero
desafiando a un guerrero mal herido,
impresionante fue verlo sangrar del cuello
porque su caballo lo arrastraba hacia el olvido.

El peleaba, mientras huían cabalgando
sus compañeros de aquella gran batalla,
él herido aún estaba sin fuerzas peleando
fue capturado por otro guerrero con sus mañas.

Por el andén habían muchos caídos…
guerreros valientes que enfrentaron la batalla,
fueron astutos al enfrentar aquel peligro
cabalgando algunos días, y varias semanas.

Tras vencer a los combatientes en la guerra
quedaron heridos, muchos valientes guerreros,
algunos de ellos, no aceptaron treguas
antes de dialogar, preferían morir primero.

Cabalgo en el andén del desespero
recordando al guerrero mal herido,
no pude acabarlo… yo no puedo…!
porque sé, que lo dejaron en el olvido.

TE DIGO ADIOS

Mas triste que un adiós
es la esperanza perdida,
es vivir sin un ''Dios''
Es, no conocer la vida.

Doloroso es decir adiós
pues, la ausencia te mata,
porque no habrá mañana
porque estas lejos de Dios.

Decir adiós… mucho duele
porque la imagen se olvida,
la distancia sí se atreve
a ir matando la alegría.

Mas triste que un adiós
es una mañana sin verte,
es como no pedirle a Dios
que pronto pueda verte…

Quisiera decir hasta pronto
aunque nunca más te vea,
mis ojos te seguirán soñando
aunque al tiempo no convenza.

BUSCO LA LLAVE

Busco entre las nubes
la llave del firmamento,
siento como se destruye
con el silbido del viento.

La luna esta solitaria
esperando que alguien la ame,
se mira tan lejos en la distancia
aunque relumbran los paisajes.

Las nubes las está cubriendo
arropando con su velo blanco,
puede que la luna esté sufriendo
por eso se viste de blanco.

Escucho voces del firmamento
tal vez anunciando lo existente,
quizás alguien crea que es cuento
pero esas voces, a mi me entristecen.

Mi vista recorre el firmamento
buscando respuestas vacías,
cuánto siento lo que siento
porque murió mi alegría.

NELSON NED

Se marcha un artista Brasileño
gigante voz que amó el mundo,
Nelson Ned, un buen caballero
su voz, conquistó al mundo.

Hoy se marcha al firmamento
dejando canciones escritas,
deleitando con hermosos cuentos
que contaba en sus muchas giras.

Muy pequeño en estatura
y gigante de sentimiento,
cantaba como un ruiseñor
su voz trasladaba los vientos.

Viajó de fronteras en fronteras
siempre con su música alegre,
conquistaba de muchas maneras
a Nelson, todos querían verle.

Hoy nos deja el ruiseñor
llorando muchos quedarán,
recuerdo va a dejar con honor
sus canciones todos la amarán.

No solo ''Brasil'' estará de luto

los latinos también lo quisieron,
fue el anfitrión de la juventud
viajará su voz al mundo entero.

HOMENAJE
(5 de Enero de 2014)

BARRY WHITE
(ícono)

Llega la melodía a mi vida
después de oír a Barry White,
un cantante que dejó su ritmo
un instrumental sin igual…

Por él muchos se inspiran
hacer versos sublimes,
porque su guitarra gime
el ritmo de su melodía.

Entre artistas de sentimientos
nos salpica su heroísmo,
dejando su optimismo
su romanticismo con acento.

Su voz se marchó, pero no calla
entre los fans que lo querían,
éste tenor de gran batalla
con romance en su melodía.

Ante un concierto sin igual
cantando como un ruiseñor,
quizás ya visto por su doctor
cumplía contrato Barry White.

"Homenaje"
(1944 al 2003)

SATISFACCION

Multiplico mis manos en tu cuerpo
aunque no pueda abarcar todo tu sentir,
desearía conocer tus nobles sentimientos
aunque tenga alguna dificultad en dividir.

Rojo, es mi sentir ante tu imagen !
y deseo multiplicar todo lo que por ti siento,
quisiera que tu sentir estuviese al margen
y buscar en tu alma ese noble sentimiento.

Sentiría satisfacción si pudieras quererme !?
para dividir nuestro sentir en lo privado,
y que sientas que nunca deverás perderme
y sepas que tu amor, a mi me ha desvelado.

DEBO, QUERER

Por qué debo querer así
si solo recibo indiferencia,
soy como siempre prometí
aquí estoy aunque en ausencia..?

Por qué debo querer así
si nunca me han compensado,
siempre, yo a ti, te prometí
que contigo sigo ilusionado..?

Por qué debo querer así
si aún estoy en la sombra,
tu para mi eres frenesí
porque te creo mi alondra..?

Por qué debo querer así
si vivo en silencio y distancia,
aunque mi amor sólo es para ti
pese a cualquier circunstancia..?

Por qué debo querer así
si me tratas con indiferencia,
quise ser como un día prometí
pero mi amor para ti, no cuenta..?

MALDITO SUSPIRO

Hoy me invitas hacer infiel
yo, que tanto lo evito,
quiero olvidar todo el ayer
por un suspiro maldito.

Los estribos no los encuentro
porque el corcel se ha marchado,
por invitarlo en aquel momento
el suspiro lo ha olvidado…

Cuando en paz yo me encuentro
el corcel esta galopeando,
la invitación llega al momento
cuando el freno no he encontrado.

Controlar al corcel… yo no puedo
pues, la invitación me ha cautivado,
¡ Qué jaula…en ella quiero !
ser un un preso enamorado.

…Por débil… seré infiel,
así tu invitación lo ha querido,
soy el corcel que se deja querer
por un suspiro maldito…

UN QUEJIDO DEL CIELO

Me perdería en el laberinto de tus brazos
para huirle con valentía a la falsedad,
que la utopía sea la sublime realidad
y que las quimeras deshaga los lazos.

Sería como arrancarle un quejido al cielo
para que las lágrimas sean tus mieles,
en tu laberinto quiero tener consuelo
y decirle al cielo, que aún me quieres.

Envuelto en olas fui arrastrado a tu orilla
y entre corales fue creciendo mi esperanza,
pude besar con mi voz tus suaves mejillas
y entre quimeras, encontré toda la calma.

Me arropaste en el laberinto de tus brazos
vi el confort cuando las olas me arrastraban,
fue una realidad… desatar los lazos
pues del cielo, gritaban que me amabas.

Le huyo a la falsedad… por vanidosa
detesto las incertidumbres del tiempo,
me encanta el laberinto que ofreces
así como arranco un quejido del cielo.

UNA FLOR

Solo te enviaré una flor
y deseo que cuentes sus pétalos,
en ella, va tatuado mi amor
pues en ella, te envío mis besos.

Divide los pétalos en besos
y sentirás cuánto te quiero,
quiero ser de tu vida el espejo
y multiplicarlo porque te espero.

Solo te envío por no alcanzar
esa distancia desesperante,
te enviaré… para llegar, y
que un día me sientas tu amante.

Una flor satisface el alma
sea roja, o color violeta,
te convence con esperanza
mas aún, si la envía un poeta.

¡La mujer es como la flor !
fresca, sublime, encantadora,
mis besos se los envío en flor
porque es mi arma seductora.

EMBRIAGADO

La pasión por la poesía me embriaga
me llena de sentimientos silenciosos,
escribo a diario porque no desmaya
ese sabor… de los versos hermosos.

Siento sus caricias cuando las leo
me siento como me gratifican,
las letras para mi es el reflejo
yo escribo cosas, que mortifican.

Grito al murmurar ¡te quiero!
siento como las letras aclaman,
dejo en páginas todo lo que anhelo
como cual gaviota, abre sus alas.

Me embriaga leer las poesías
porque con ellas me siento apasionado,
deseo que mi pareja sienta la alegría
como yo de ella, me siento enamorado.

EL ESPACIO

Sombras cósmicas visitan
espacios complicados del horizonte,
infinidades de gente los han visto
pero en silencio lo esconden…

Responsables de secretos a voces
callan verdades ya conocidas,
brilla el espacio con luces
la gran prueba que habita.

Existencias construidas en los valles
murmullo sordo que no se oculta,
variedad de luces alumbran paisajes
infinidades callan, porque ocultan…

Los ecos visuales se agigantan
pero el egoismo de grandeza supera,
ellos existen en nuestra instancia
y nos engañan de cualquier manera.

Existentes por otra sutil creación
buscan horizontes en nuestros valles,
el egoísmo no acepta la condición,
ciencia para parlar los detalles…

EN TUS OJOS, LOS DESEOS

Claro que voy a olvidarte
si nunca llegaste a quererme,
Fui un ave fugaz en tu vida
creo podré vivir sin verte.

Jamás pude comprenderte
ni tu sabías lo que querías,
nunca haz llegado a querer
no conociste la sutil alegría.

En tus ojos solo hay deseos
en los míos, pasión y ternura,
jamás fuiste del amor reflejo
ni las ansias que por ti sentía.

Recuerdo aquellos momentos
cuando a penas madurabas,
quise comprender tu anhelo
pero solo tú te engañabas.

¡Claro que voy a olvidarte!
si jamás viviste conmigo,
soñé que un día podía amarte
pero tú, fuiste ave sin nido.

ENTRE OLAS, TE ESCAPAS

Entre olas se escapa la medianoche
huyendo de ese mar que te arrastra,
no resistes escuchar algún reproche
por eso que de la realidad te escapas.

Las estrellas te alumbran el horizonte
y tú te ocultas para no dar respuestas,
seguirás huyendo como animal del monte
pues con vanidad, quieres llegar a tu meta.

Cómo será el amor en tu vida incierta?
a dónde te podrá arrastrar sus grandes olas?
 vientos te arrastraran a distintos senderos
y el horizonte, por tu triste vanidad, llora.

Éstas letras quizás para ti no existen…!
pero te observo desde mi barco solitario,
navegué en busca de la esperanza triste
aunque casi naufrago en tu calvario…

Tu piensas que el amor se puede olvidar
sin embargo el marinero busca otro puerto,
mirando que tú…solo deseas escapar

él no soporta, seguir las olas sin aliento.

INHALO

Inhalo el aroma silvestre
que los vientos envían a mi aposento,
las amo porque no puedo dejar de olerle
pues, también refrescan mi pensamiento.

Brisa encantadora me llega del cielo
enviadas a curar mis malestares,
quien podrá imaginar cuanto la quiero?
es como el zumbido del viento en mis paisajes.

… Sabor silvestre esparce los vientos
repartiendo su aroma por los valles,
que bella forma de curar mis sentimientos
que hermoso sabor dejan en los paisajes.

Inhalo el aroma silvestre
que esos vientos trae a mi aposento,
me conforta y me deja impaciente
cuando no aparece el zumbido del viento.

Brisa y lluvia, combinan mi sentir
al inhalar el aroma silvestre,
me encanta sentir al viento rugir
porque calma, lo que a mi alma duele.

ESCONDIDOS

Al escondernos de la última penumbra
la cortina sobre nuestras esperanzas,
Ocultan, esa sublime luz que alumbra
sin dejar huellas, ni ápice de constancia.

Escondidos, tras una enorme fantasía
se deslumbra una ciega añoranza,
se borraron las huellas y toda la alegría
dejando de existir la sutil fragancia.

Bellas damas, aman y dejan constancia
entre la penumbra opaca de la vida,
no quedan huellas, tampoco alegría
porque solo pueden amar en la distancia.

Al escondernos de la última penumbra
nubosa cortina empañaba nuestros ojos,
… sentimos pánico porque si se asusta
no ver las huellas, y verlas, yo me antojo.

Cubiertos de una enorme fantasía
nos cautivó una hermosa esperanza,
fuimos víctimas porque amar, se sentía
no hubo huellas, ni ápice de constancia.

SOY EL DEMONIO

Dicen que soy el demonio
porque viví en el infierno,
por eso soy el desafiante isleño
que desea rescatar su patrimonio.

En un infierno sin paz, sin dicha,
fui creciendo con manos atadas,
con voz perdida en el horizonte
dentro de un cementerio de cenizas.

Cuánto lamento manchar el papel
con historias tristes, tan dolorosas,
acusado como el demonio aquel
de una isla tan bella y hermosa.

Me siento como todos dice…
el demonio en un infierno injusto,
donde encarcelan y muere el que dice
que el gobierno tirano es muy duro.

Viví en el maldito infierno…!?
donde el rey es despiadado,
convierte el verano en invierno
por los maltratos impugnados.

SI FUERA EL DUEÑO

Quisiera ser dueño de un pedacito de cielo
para amar a cada una de las estrellas,
regalarle amor a esos hermosos luceros
y en presencia de Dios, compartir con ella.

Hace mucho que se marcho al infinito
sin pensar que mi alma dejaba vacía,
no vivido, porque son los días infinitos
exteriorizando paz, y sublime alegría…

Silencio, si, silencio trago y esplendores
recordar que mis presentes y cariño ya no doy,
la nostalgia invade oprimiendo a mi corazón
cuando a su foto, solo puedo regalarle flores.

Cuánto más puede resistir un corazón herido?
tener que sentir los latidos como puñaladas,
golpear el pecho, por lo que he sufrido
y sentir que los verdugos, muestran carcajadas.

¡Quisiera ser dueño de un pedacito de cielo!
para confundir la lluvia con lágrimas caídas,
que nadie observe mi triste desconsuelo
y darle un beso y un abrazo a la madre mía.

JARDIN EN EL VALLE

El tamaño no da importancia
mas bien refleja el contenido,
las letras regalan la sustancia
y amor que a ella he ofrecido.

De qué vale la montaña fría
si al parecer no es habitada?
Sufre el ave sin alegrías
y su plumaje está congelada.

Hermoso es vivir en el valle
rodeado de paisajes hermosos,
sembrar flores en su bello talle
con su sutil aroma primoroso.

El tamaño no da importancia
si no puedes de él aprovechar,
el frío… es mala circunstancia
por eso no es útil para sembrar.

Todo el valle es un jardín…!
con flores muy rozagantes,
en ese espacio hay un jazmín
con sus colores impresionantes.

15 DE ENERO DE2014

Cumple once años mi nieta
hoy, al comienzo de año,
sus once bellas primaveras
celebrará en Disney, Orlando.

Comienza abrir la bella flor
en los jardines del universo,
extiende sus diestras al sol
y abuelo, le envía un beso.

Es la flor que lleva cuidados,
atención en cada momento,
porque aún no ha disfrutado
de la escuela conocimiento.

Se extiende la raíz por tierra
buscando abrir horizontes,
once primaveras pasajeras
donde la luz del, sol esconde.

¡ Kayleen, hoy cumples once años!
y cumplirás muchísimos más,
sigue estudiando y madurando
que tendrás tiempo para soñar.

(Enero 15 de 2014)

POESIA

Penetra como daga de ilusión
las letras que van penetrando el sentir,
penetra y va arrancando el corazón
los pensamientos que te pueden hacer sufrir.

Saboreando a cada paso el contenido
éste te va orillando a sublime sonrisa,
antes no lo sentiste por no haberlo leído
más hoy, quedarás plena de alegría…

Junta seis letras y verás poesía…
sentimiento sublime del poeta,
romance pleno en noche fría
ilusión que viajan por sus venas.

Penetra en el pecho del lector
dejando huellas en los recuerdos,
porque saben saborear su sabor
de letras, llenas de sentimientos.

Poesía; instrumento que enamora
que llena de encanto los sueños,
al que lea poesía, y letras devora
cuando corren las letras por dentro.

A TI, MUJER (soneto)

Toda mujer necesita aliento
que la hagan sentirse la más bella,
ningún hombre, no debe hacer cuento
más complacer, que su cuerpo desvela.

Ellas; dueñas del mundo por momento
que sientan que su presencia desvela,
Ellas, viven en nuestro pensamiento
nosotros, tratemos, como doncella.

Tanto hombre, como la bella mujer
debe complacer a su oponente,
haz el amor apasionadamente.

Ellas, complacida pacientemente
ilusionarlas, un hombre debe ser,
Complázcala para mejorar suerte.

ENERO

Sonríe esta mañana de enero
con la alegría que llega de lejos,
fue la sorpresa que nunca espero
cuando al despertar me miro al espejo.

Por momento estás triste y afligido
escuchas que te domina el espejo,
pues, el tiempo dice lo que has vivido
y al mirar atrás quedas perplejo…

Con las mano, no puedes detener los años
y mucho menos lo que tu alma vivió,
cruel, o alegre tiempo, o aniversario
en mejor caso… ya por ti paso…

Cada mes de enero, recibo la alegría
jamás pensé seguir mirando este mes,
para mí… ha sido bien sorprendente
poder mirarme en mi espejo otra vez.

Quién entenderá…? Por qué Enero?
solo diré que son cosas de mi destino,
quise olvidar los pasados anhelos
pero en mi espejo sigue largo el camino.

QUE PERMANEZCA

Que no se acabe el sentir
que no se acabe la ilusión,
que todos puedan sonreír
y que palpite el corazón.

Que la música llegue a fronteras
como llegan poemas de amor,
que los lean de sutil manera
para que mantengan la ilusión.

Que sea constante el aprecio
que nuestro Dios envió,
para unir a los corazones
en este paraíso de amor.

Que se acabe la miseria,
el dolor y la agonía,
que vivamos como hermanos
en esta tierra querida.

Que haya paz en este mundo
que se olviden los rencores,
miremos desde lo profundo
y sembremos juntos las flores.

SI POR QUERERTE

Si por quererle soy sancionado
a un castigo por haberle querido,
seré un reo muy decepcionado
pues, mi corazón por ella solo ha sufrido.

Que mi importa si verme sufrir han querido
si el amor aun me mantiene apasionado,
ya sufrir… está en mi destino, pues,
hasta en mis recuerdos la he soñado.

Se que seré ante todos un desdichado
sufriendo, dolido, como no he merecido,
me siento como cautivo, encerrado
en un mundo cruel lleno de olvido…

La quise a las buenas, y soy sancionado
aun pretendiendo no sentirme en el olvido,
creo que hasta la vida me ha defraudado
porque solo me siento a dolorido…

Si por quererla fui sancionado !?
que mas pudiera esperar de mi destino,
seguire amando como mi alma ha logrado
quizás haya un futuro… más otro destino.

MISTICA RESPUESTA

A ti mujer;
Después de cortar la rosa de tu místico rosal
quedo ante el cielo comprometido,
fui el jardinero único y principal
en deshojar la rosa que tanto haz querido.

Sin tijeras… sin lamentos en particular
el cuerpo satisfecho quedó complacido,
sin importar nada por quedad todo igual
quedó el rosal como tú lo haz querido.

Ayer fue inocente la mística rosa
hoy creció los pétalos del jardín,
el jardinero entre promesas y prosas
le dedico versos para verla sonreír.

¡A ti mujer!
Que he abonado tus flores !
conservando el riego de tu existencia,
en mis versos te dejo escrito sin temores
para que puedas sentir mi presencia.

…Fuiste ayer un hermoso capullo,
hoy, después de cortar la mística rosa
ya estás dispuesta,
excitando al jardinero para que sea tuyo

y del hermoso cielo, percibir místicas respuestas.

PLACER

Al anchar el diámetro de las venas
la sangre fluye como corriente de río,
da lástima, o placer, quién supiera?
si esa alteración da escalofrío…

¡Gime la luna… y brillan las estrellas!
las nubes trafican quizás por placer,
del cielo llueve y moja a las arenas
con esperanzas de poderla querer.

Corre hirviendo la sangre
buscando rincones y cavidades,
anchando las venas para animare
cuavulando misterios en sus celajes.

Escalofríos contínuos que se aprecian
activa función que da placeres…
coito hermoso que a todos interesa
caluroso sentir de las mujeres.

Diámetro provocado para que fluya
la sangre hirviendo que da placeres,
enorme sentir que bien perdura
al hacer el amor, con bellas mujeres.

CATALEJOS

Una sola estrella alumbra el camino
Uno de sus destellos solo se pronuncia,
Con su aguijón va trazando el destino
Anchando senderos, para que no olvides nunca.

Del espacio bajan muchas energías
A este planeta que por ellos fue conquistado,
Llenan de huellas hermosas con sabidurías
Y aún los ven… pero no los han aceptado.

Solo el Rey decide, quien sobrevive
Tal vez por eso a ellos los han enviado,
Está en la historia del poeta que escribe
Que son seres que también Dios ha amado.

Por muchos siglos, de esto se ha escuchado
Pero solo el cristiano es el que desconfía,
Quizás porque Cristo fue crucificado
En la misma tierra que mañana salvarían.

Parece estrella las luces que se miran
Pero se acercan para que no sean tan lejos,
Muchos científicos los siguen con la vista
En áreas estrictas, con sus catalejos…

SIN PERDON

Triste dolor ha de sentir

que con otro lo estés engañando,
sin preocuparte que está llorando
el sublime deseo de estar contigo
si lo engañas con otro amigo
y él queda triste y desorientado.

Que piensas que puede suceder
aunque pueda ocultar tu engaño ?
si él no para de estar llorando
extrañando tu infiel presencia,
ha sufrido más de la cuenta
que sus ojos se inundan en llanto.

Te quiso tanto que al parecer
no vivía sin tus besos…
él siendo un joven travieso
amante de la diversión
hoy callado en un rincón
sin sentir de tus labios un beso.

¡Déjalo en paz traicionera!
que a ti no te interesa su amor,
solo lo usas por su valor $
mientras te quiso limpiamente

has actuado como insolente
Que jamás de él tendrás perdón.

RECOMPENSADA

Si te dejases querer
así como yo quiero,
sería de zumo placer
y vivieras de anhelo.

Querer, solo es querer
tal vez con desespero,
que la ausencia sea tener
todo el espacio del cielo.

Que brillen las estrellas
las nubes te den aliento,
te sientas cual doncella
que baja del firmamento.

Si hoy te dejases querer
así sea virtual el cariño,
esa llama podrás prender
y vestirte con sutil idilio.

Querer, solo es querer
aunque seas traicionada,
ama como debe de ser
y serás recompensada.

LIBERTAD

Si el azul de tu bandera
penetra en la sutil mirada,
tu alma estará enamorada
amando siempre a la tierra.
Fuerte rojo como escudo
con su estrella de plata
con listas, blancas pureza
y el bello azul escarlata.

Bandera de siete piezas
componen símbolos hermosos,
fraternos pilares entre ellas
forman un triángulo precioso.
De arco-iris los colores
la igualdad que sobreviva
conducta que predicamos
en la liturgia de la vida…

Azul… Blanco… y Rojo
colores de hermosa bandera,
la libertad plena desea
para que los hijos regresen
del respeto que crece
como la flamante estrella.

*** J.L.O ***

CON SUS ALAS

La gaviota abre sus alas
para ver lo terrible del mundo,
llora y sufre con tantas ganas
mirando al paraíso desnudo.

Somos incapaces de apreciar
en el vuelo de la gaviota,
que se eleva porque va a sollozar
porque la tristeza la explota.

El mar es su fiel testigo
las nubes su consejero,
ella vuela con su prestigio
anhelando un mundo nuevo.

*** J.L.O ***

SOY, TU ELEFANTE

Fui juzgado por tus ojos
condenado por tu mirada,
fui el cautivo a tu antojo
tengo el alma encerrada.

Quiero ser preso de amor
vivir contigo encarcelado,
que me cobije tu calor
para seguir apasionado.

Eres la jueza de mi ilusión
sin piedad me haz castigado
por ti viviría en un rincón
aunque triste y desolado.

Me juzgaste con tus ojos
y feliz de estar encerrado,
seré amado a tu antojo
no podré estar a tu lado.

Pequé por fijarme en ti
Jueza fiel y mi amante,
castígame y que sea así
seré tu eterno Elefante.

*** J.L.O ***

MORIRÁ EL POETA

Morí el mismo día que nací
soy una especie, de muerto vivo,
mucho tiempo quisieron saber de mí
pero es un misterio que vive conmigo.

Soy el silencio en una caja fúnebre
soy y seré de éstas letras la poesía,
el miedo sobre mi jamás sucumbe
soy ese muerto que a todos da alegría.

Morí mucho antes de haber nacido
Dejé instintos en lugares sembrado,
con mi silencio aún los persigo
y desde mi tumba los he mirado.

Vivo entre la distancia y el olvido
disfruto cuando escucho necedades,
fui, soy, y seré como siempre he sido
y lo hago en poesías, como he soñado.

Morí el mismo día que nací
sé que jamás contarán mis letras,
vivo en cementerio de hombres vivos
aprecio que digan; está muerto el poeta.

*** J.L.O ***

EL OJO DEL SINSONTE

—El ojo del sinsonte te mira
su instinto patriota lo está obligando,
hacer celoso entre las cuatro esquinas
porque también él está desterrado…

El observa, porque esta sufriendo
ver a su gente en otro sitio desterrado,
él es pequeño pero también está muriendo
por ver a sus montes mutilados…

Lágrimas empañan sus ovalados ojos
aunque nadie lo ve de cerca,
el sufre y también siente enojo
ver a su isla de llanto repleta.

¡Canta triste el sinsonte!?
su pena, con nadie la quiere compartir,
él observa al guajiro en el monte
que les han matado los deseos de reír.

¡El sinsonte lo observa todo…!
aunque no hable, canta con tristeza,
él era feliz cuando estaba libre
mas hoy, sufre hasta la naturaleza.

CUERNOS

Que tristeza y que alegría
para aquel que le pegan los tarros,
le encanta vivir con la agonía
y hasta festeja su cumpleaños.

Hay quien goza cuando se entera
que ha sido fielmente engañado,
por quien le roba la alegría
y se acostumbra con el paso de los años.

¡Que divertida es ella…!?
le encanta fiestear y compartir,
ante el cornudo se siente estrella
que todo lo aguanta sin sufrir…

¡Hermosa es la liberación!
que comparta con quien quiere,
él acepta multiple traición
y se lava los cuernos cuando llueve.

No es tristeza… y menos agonía
es la bella liberación del que creciste,
solo toma algunas aspirinas
y cuando el otro termina, él se viste.

*** J.L.O ***

EL CANARIO, Y EL SINSONTE

Está cantando el Canario
y el Sinsonte muy bien lo imita,
el Sinsonte lo escucha a diario
porque el trinar, a él lo excita.

Sufre en silencio el Canario
porque el Sinsonte se está burlando,
él… vive su vida imitando
aunque al que imite, la pase llorando.

Íbiano hermoso del Sinsonte
con ternura…imita al Canario,
es un trinar que se oculta en el monte
y se escucha cómo el abecedario.

En la rama se encuentra el Canario
esperando que amanezca en día,
desea cantar como lo hace a diario
y ver la aurora con su alegría.

Se confunde el canto del Canario
porque el Sinsonte muy bien lo imita,
se escucha su canto en el horizonte
y el bello trinar que al alma salpica.

ÁMO, MI LÁPIZ

Seguiré acariciando a mi lápiz
mientras conserve presión en mis dedos,
siento que necesito gritar lo que quiero
aunque con el silencio me maltraten.

El silencio jamás me ha convencido
porque respeto del mundo las opiniones,
seguiré escribiendo porque lo he querido
aunque mis temas, no solo hablo de amores.

Escribo, sobre diversos temas…
expongo con humildad mi criterio,
acepto que escribo sobre dilemas
porque así me he sentido, casi muerto.

Oprimo a mi lápiz con ternura
para escribir casi todos mis recuerdos,
aunque soy un poeta que siente dulzura
cuando me ignoran… me siento muerto.

Con amor… seguiré acariciando a mi lápiz
pues con él, puedo expresar mis sentimientos,
¡qué importa que ignoren…o me maltraten!
si solo mi lápiz es testigo de lo que siento.

RECUERDOS

Escucho en silencio al corazón
y memorizo las cosas de mi pasado,
no acciones para arrepentirme o pedir perdón,
aunque existen heridas por las que he llorado.

No se por qué no puedo borrar los recuerdos?
he tratado pero siempre viven en mi mente,
los quiero aborrecer pero aún no puedo
pienso que para eso, hay que tener suerte.

Aunque sonría por dentro estoy ausente
puesto que en mi alma el dolor permanece,
no me acostumbro a la ausencia de mi patria
porque solo vivo con la esperanza de verle.

Y así continúo escuchando mi silencio
lo escribo porque nadie me comprende,
quien entendiera, cuánto amo a mi patria
quien escuchará a mi corazón sin suerte.

Desistí insistir en borrar de mi mente
tantas cosas que viven como recuerdos,
buscaré esa tranquilidad aunque ausente
y seguiré guardando lo que llevo dentro.

*** J.L.O ***

AVISPA

Deseo recibir una enorme picada
de una avispa para que se encone,
pasaron dos años en temporada
muy quieto, donde el sol se esconde.

Comenzaré un nuevo paso
para hacer lo que ayer no pude,
deseo desatar algunos lazos
mirando donde se conjugue.

Avispa... se siente al picar!
se hincha por el veneno,
casi nunca se puede matar
porque enseguida alza el vuelo.

El recuerdo vas a dejar...
después de tu cruel picada,
hay a quien no da tiempo a gritar
y sonríe... a carcajadas...

Es preferible recibir una picada
que vivir huyendo de la avispa,
hay que salir, abandonar la almohada
y realizar nuevas conquistas.

EL RATON

Si eres capaz de perdonar
por algo que te han hecho,
será que eres fácil para amar
tal y como el raton como queso.

Asustado está el ratón
porque el queso lo escondieron,
el tiene de hambre un montón
y el queso esta lleno de agujero.

Puede que el ratón
no quepa en su casita,
pero tiene mucho calor
y el aire lo necesita.

Yo no soy buen pintor
pero le dejo estos versos,
escrito con todo amor
como el ratón como queso.

*** J.L.O ***

CATÁLOGO

Me siento cual catálogo de flores
en el jardín de toda mi existencia
colores de arco-iris tu presencia
y en pétalos escritos mis amores.

En mi interior hay un jardín de flores
con algunas espinas enterradas
pétalos con pasiones destinadas
y sus raíces todas esplendores.

Soy como el árbol algo olvidado
que trato y sobrevivo por el sol,
rocío me riega con eterno amor
y sólo el cielo sabe cuánto he amado.

En mis versos con mi pluma he plasmado
mi sentir que castiga si no escribo
catálogo con mi sutil sentido
son letras del jardín enamorado.

Te envío mi catálogo de flores
recíbelo es jardín de mi existencia,
donde podrás sentir tu fiel presencia
en él te dejo escrito mis amores.

(20 de junio 2013)

*** J.L.O ****

DROGA

¡ **M**uerden el polvo suicida !
los ciudadanos que no van a estudiar,
ésos que no paran de a los niños drogar
porque a ellos… poco les importa la vida.

Fácil economizan sus alegrías !?
sin madrugar, mientras otros lo hacen,
ellos con sus tóxicos deshacen
a los jóvenes, a marchitar sus vidas.

Lloran, sufren, cuando les falta su medicina
pues, sus venas, solo piden suicidarse,
matan, roban, para poder saciarses
pues de esa forma, encuentran su alegría.

Poca razón existe en sus cabezas…
pues solo a ellos, se les ocurre destruir,
con esos tóxicos que los llevan a morir
y en su propio mundo, hay veces que los
desprecian.

Muerden el polvo escapando el espirito
porque al usarlo, la mente va a vagar,
caminan, hablan, lloran en su andar
buscando alivio, en sus forma de pensar.

*** J.L.O ***

SURCANDO, VAN MIS LETRAS

Surcaré el cielo con mis letras
para que reine en el infinito alegría,
mis deseos es que llegue a la madre mía
todo el amor, que empleo en mis letras.

Me encanta cuando me dicen poeta,
estoy leyendo todas tus verdades,
es que para mí, las verdades son la llave
aunque hayan, quién no de respuestas.

Esa es mi razón de enviar al cielo
esas letras que son importantes,
me gusta dar amor abundante
regocijando el alma de consuelo.

Mi madre me escucha en el cielo
por eso para mí, el cielo es un paisaje,
en mis sueños por allá ando de viaje
para juntar las letras de consuelo.

¡ Quisiera surcar el cielo !
para sembrar cada una de mis letras,
que las interpreten otros poetas
pues para ellos, puede ser de consuelo.

*** J.L.O ***

HUGO EMILIO OCANTO

Hubiera conocido a este poeta
en circunstancias diferentes
si viajar fuese presente
como es él ante mis letras.

Un día no muy lejano
mis manos podrán estrechar
a éste poeta en particular
que muestra ser buen ciudadano.

Grande es el sentir de un poeta
cuando siente el dolor de los demás
en sus letras brinda honestidad
y el cariño en cada letra.

Odiando a las injusticias
como hombre de claros ideales
soberano descifrando paisajes
porque en él no existe malicia.

Este respetuoso poeta

dice sin temor lo que siente
sin importar lo que piense la gente
y lo deja claro en sus letras.

Mientras otros se esconden en silencio
mi amigo Hugo deja saber
que comentar es su deber
porque un hombre no muestra miedos.

Incapaz és de ofender

tanto a amigos o a poetas
pues él, siempre respeta
para que lo puedan entender.

Listo está para juzgar

a esos que niegan la mano
Aparentando ser hermanos
y a escondidas van a dibulgar.

Intenta vivir en paz

Aunque sufre por ver miserias
en nuestras tierras tan bellas
que aún sufren sin tener libertad.

Olvido… cruel fatalidad !?

nos traen los gobernantes
que lejos de amar son insultantes
capaz de negarnos la felicidad.

Oh Dios mío cuanta bondad !
nos regala este poeta
que lo dice en sus sencillas letras
que están llenas de honestidad.

Cuándo tendremos Libertad ?
si no nos permiten viajar
A lugares en particular
que también carecen de libertad.

A qué me refiero preguntarán ?
porque no han intentado salir
de donde les han puesto a morir
con limitada libertad…

Nunca aplaudimos la maldad !
porque ella nos oprime…
¡ y tú, mi amigo Hugo gime !
deseando libertad para los damás.

Tienes mi amistad estimado amigo !
y esa amistad jamás destiñe
aunque mis letras se deslicen
juzgando a la cruel maldad.

Olvido, es una palabra triste
que a todos nos perjudica
olvidemos porque mortifica
y unirnos nos hará felices.

*** J.L.O ***

DICE, LA TRAICIÓN

Me dise la traición !?
-deseas batallar conmigo ?
- ¡ Oh no, respondo !
-aunque reconozco
que deseo matarte !?.
cuando te veo al lado mío…

Dice la traición, te tengo entre ojos !
pues, quiero seguir castigando
que importa lo que estés pensando
disfruto cuando sientes enojo…

-Traición…ya le tiré al olvido !
pues, el que traiciona no es amigo
aunque me venden los ojos…

Dise la traición, contigo yo no dialógo…
solo quiero molestarte,
y por tus espaldas calumniarte
hasta que sangren tus ojos…

-Ya… ya, te entendí traición !?
me quieres ver sufrir,
pero no la vas a conseguir
porque aún me queda valor.

-Me haz golpeado traición…
ahora me toca a mí…
pues, de tu maldad aprendí,
(no quiero verte más en mi rincón)

*** J.L.O ***

UNA BELLA FLOR

Tierno… cálido…
y comprometedor es el amor,
si se cumple
 con todos los requisitos que lleva,
el amor, es igual a la primavera
hermoso, sublime,
cual mujer una flor.

Nuestras vidas se alimentan del amor
aunque hay veces lo confundimos,
olvidando o dejando en el olvido
sin ocuparnos de regar la flor…

Nos comprometimos
ante un juez superior,
pero hay que preguntarle ?
por qué no hemos cumplido ?
dejando a nuestro amor en el olvido.

Alimentémonos de ese amor prohibido
hagamos saber que siempre existe,
olvidando esa vez que te fuiste
sin respetar que estuvimos comprometidos.

Tierno… hermoso… sublime es el amor !
si aceptamos respetarlo para siempre,

es un pacto firmado y conveniente
cual comprometido con la mujer que es la flor.

*** J.L.O ***

IDENTIDAD

Para el amor y la amistad
existe un camino tan ancho,
que transitarlo es un encanto
cuando existe la sinceridad.

Amor… amistad y fraternidad
tres identidades para los hombres,
aunque hay veces el dolor se esconde
pues, está escrito en la eternidad…

El hombre pelea por libertad
por amor y por pasiones !,
haciendo proyectos de amores
por ser libres en su intimidad.

La amistad… sacramento sagrado
palabras que empeña el hombre,
y se debe cuidar ese nombre
cuando en el alma hay sinceridad.

Igualdad… fraternidad… y libertad
frases escritas por los hombres de honor,
ellos que en sus letras sembraron amor
en poesías, que la historia conservará.

*** J.L.O ***

CON PODER

Si pudiera dinamitar
la arquitectura de la maldad,
fuese una divinidad
vivir nuestras vidas en paz.

Derrumbar a la tiranía
al comunismo, a la falsedad,
a los engaños de los gobernantes
que privan la libertad.

Estallar a la suciedad
que se apodera de la tierra,
que hacen trincheras para guerras
humillando a la hermandad.

Dinamitaría el cinismo
de todos esos gobernantes,
que se adueñan al instante
despojando con despotismo.

Hay que ametrallar a la hipocresía
abriendo puertas y ventanas,
Que viva libre y soberana
para que reine la alegría.

Enmudecer al verbo traidor

que hace daños a los pueblos,
que los llevan al misterio
rompiéndoles el corazón.

Si pudiera dinamitar
las mentiras que ellos dicen,
todos fuéramos felices
inundados de sinceridad.

*** J.L.O ***

MI ALCOBA

La sueño desnuda en mi alcoba
acariciando su bella piel canela,
para acariciar, no tuve que ir a la escuela
porque su belleza la veo hasta en sombra.

La sueño en noches muy tenebrosas
aunque su piel, brilla por la ausencia,
la siento mía aunque no en presencia
pues está desnuda cual mi alma adornas.

Lejos… muy lejos veo mi alcoba ahora…!?
allá, mas lejos que el triste horizonte,
aunque pregono tanto como el sinsonte
siento al no verla que muere mi vida ahora.

Sueño con su presencia y por su ausencia
me desvelo con ansias de verla desnuda,
quiero verla, tal y como es…. Pura
aunque no entiendan que hablo de mi alcoba.

¡ Oh, Dios mío !… por qué tanta lejanía ?
si yo solo sueño palpar sus entrañas !, Maldita
suerte
… ver el triunfo de la alimaña… que entre
la presencia y la ausencia… acaban con mi alegría.

*** J.L.O ***

DE VIAJE

No llevaré provisiones
a ese viaje que me espera,
no haré recepción si quiera
prefiero viajar sin valijas,
para dejar como botija
el amor de mis letras.

Un viaje sin equipaje
me voy cuando Dios quiera,
viviré en mis letras
para que olviden mi viaje.

Va a quedar mi imagen
grabada en el subconsciente,
llorarán mostrando los dientes
para que valla alegre en mi viaje.

Conmigo van los paisajes
que ha retratado mi mente,
con el recuerdo solemne
de mis amigos y familiares.

Solo llevaré como fortuna
el recuerdo de lo vivido,
pensamientos por lo que he querido
que vivirán en mi vida oscura…

No llevaré provisiones
ni objetos de mucho valor,
solo me llevaré el amor
y dejaré mis ilusiones.

Adiós a los que me quieren
¡ les deseo lo mejor de la vida !
estos versos de despedidas
para que algún día me recuerden.

*** J.L.O ***

MIS OJOS

Bellos paisajes ven mis ojos,
mis ojos miran los paisajes,
felices van las personas de viajes
a bellos lugares que yo me antojo.

Con mi vista hago los elogios
y sé que con mirarlos los contemplo,
por eso viajo a su encuentro
para darles deleite a mis ojos.

¡ Qué paisajes más hermosos !
hoy por vivir, los he podido ver,
cual hijo crece al nacer
cual fallecido descansa sus ojos.

Imagino paisajes en el horizonte
aún cuando cierro mis tristes ojos,
mi vista ve mas allá de mi antojo
pues, escucho el trinar del sinsonte.

Bellos paisajes ven mis ojos
aún hoy… que estoy viviendo,
me inspiran a escribir pensamientos
y de hacer versos… me antojo…

Mis ojos sonríen alegre

porque disfrutan de los paisajes,
me encanta salir de viaje
para olvidar… y que mi vida se alegre.

Si nadie puede comprenderte
por ser y pensar como hasta ahora,
le doy mil vueltas a la hoja
y en los bellos paisajes deposito mi suerte.

*** J.L.O ***

FALSA JUSTICIA DE LOS PUEBLOS

La justicia de nuestros pueblos
es falsa, interesada, he hipócrita,
hace lo justo si el viento le sopla
pon unos crueles y miserables pesos.

Vergüenza… jamás en su proceso…
solo sus amigos sobreviven,
que puede importarles si el pueblo gime
si están matando para quitarles el hueso.

Cómo sufren los pueblos por su proceso !?
aunque algunos hipócritas aplauden,
Con traición se sienten estables
huyendo de la razón… creyendo en ellos.

Hasta que les toque llorar, podrán hacerlo
cuando la razón ciegue a sus familiares,
si es que la razón no hayan perdido por los celajes
entonces verán la verdad como debieron hacerlo.

No por venganza debemos detenerlos
es el derecho que tienen los pueblos,
la libertad, hay que conseguirla de hecho

aunque haya que enviarlos al cautiverio.

Falsa justicia de nuestros pueblos
jamás se cansan de impugnar condenas,
no les importa que víctima halen condenas
mientras sea beneficios para su imperio.

** J.L.O ***

INCONFORME

Inconforme con el destino que hay veces toca
porque juzgar, hace heridas dejando cicatrices,
marcas amargas después de sembrar en infelices
historia inesperada que debemos aceptar de boca.

La costumbre irresponsable que se divisa
hace diálogo invisible con la razón…que es nada,
una vista… que no expresa ninguna mirada
para confirmare al final con pasos que no van a
prisa.

Entre palabras y acciones a lo largo de la vida
han existido hechos que no permiten conformidad,
aceptamiento de tardanzas sin elaborar
contribuyen a una realidad, sin nada de alegría.

Quizás para vivir las decepciones sean parte de la
vida
que estén escritas para que al crecer se vallan
conociendo,
algunas alegrías, tristezas, pasión, y desencantos
aunque jamás comprendas, que es la alegría…

Inconforme debemos estar con lo que nos toca…
si haz luchado para tener mejor aliciente,
ver crecer a tus hijos entre extrañas gentes

y seguir reflexionando en paisajes que nos provocan.

*** J.L.O ***

LA TARDE ESTÁ ALEGRE

La tarde oscurece con alegría
mientras paciente espero la noche,
el sol cálidamente se esconde
antes que llegue el otro día.

Se siente paz… no agonía
pues, el día se pudo disfrutar,
desde que comenzó a aclarar
trayendo la sutil luz del día.

Por las calles se transita con alegría
la gente contentas van cantando,
esas canciones que gustan tanto
aprovechando la bella luz del día.

Ya amaneció, y se ve la aurora
hermosa, bella… y enrojecida,
un amanecer que brinda alegría
como el hermoso día que demora.

Caminando se van las horas
igual que se contemplan los paisajes,
algunos continúan sus bellos viajes
mientras la cálida tarde me devora.

*** J.L.O ***

HOMENAJE

Justo militar Hondureño
Opinaba para que Centro América se
uniera,
Siempre respetando al izar su bandera
Entre lágrimas y desespero, logró su sueño.

Fecundo líder conquistador…
Revolucionando muchas ideas…
A pesar de todo, se izaron muchas banderas
Normalizando la unión en Centro América.
Cubierto de honores… fue despedido
Intentó dejar su hermoso legado
Siempre soñando con sus paisanos,
Centro America donde presidió !?
Otoño dejó, en heroico pasado.

Mantendremos presente su legado
Olvidando a esos pudientes que no creen,
Revolucionaremos el legado de este líder,
Áunque alguien trate lo contrario
Zumbidos de cornetas gritaran…
A la lucha hermanos !
Nunca nos vencerán.

Quién se unirá a ésta lucha ?
Unidos como el héroe gritaremos !
Eentre pesares y tristes suspiros

Sublimente venceremos.
A dios gracias lucharemos
Días tras días continuaremos
America Latina; sólo hermanos seremos.

(1782-1842)

PENSAMIENTO

Fraterno, valiente y military
hizo de Centro America una nación, sin
importarle ninguna opinion
 porque él, logró unirlos en paz.

(1782-1842)

CUANDO SE GIME

Gemías clamando que te amara,
la pasión te estaba enloqueciendo,
llorabas de placer aún pareciendo
que sufrías, que llorabas apasionada.

Te veía profundamente detrás tu mirada
buscando esa pasión que tu sentías,
me alteraba saber que me querías
deseando amarte como tu soñabas.

Que bello despertar junto a mi almohada
sintiendo el aroma de tu hermosura,
oyendo como gemías por la dulzura
sintiendo que te sientes apasionada.

Me deleita poder mirate sudada…!
sentir agitada tu respiración,
saber que lloras por loca pasión
y a mi lado… tenerte como esperabas.

Gimes en alta voz…apasionada!
pidiendo seguir el juego del amor,
te complazco porque siento esa pasión
y me inspiro al sentirte junto a mi almohada.

*** J.L.O ***

LA RIQUEZA DEL POBRE

Dejemos que los ricos sigan su camino
que sean y manipulen como siempre lo hacen,
que opriman hasta los bellos paisajes
para que sean felices y comparan su destino.

Dejemos sí... dejemos que sigan engañados
que sigan creyendo que el dinero los hace felices,
pues, existen intereses entre esos infelices
        que los pobres... jamás han alcanzado...

Tratemos de aliviar el dolor de los pobres !
hacer de su pobreza un jardín de esperanzas,
que sientan el amor en toda circunstancias
para que dentro de sus almas, brillen sus amores.

Dejemos a ésos que se creen mejores...
sólo por el hecho de tener mas dinero,
son egoístas, falsos, con oro negro. sin tocarse
el corazón, cuando nombran a los pobres.

Tratemos de educar a esos que desconocen...
que el amor y la ternura no tienen precio,
que mas vale un amigo, una mano, un beso
que paisajes opacos y sentimientos inconformes.

Dejemos que los ricos saboreen su cariño

que el poder económico los haga sentir bien,
que sean egoístas pisoteando con su poder
aunque duela, y tengan hambre todos los niños.

ETERNIDAD

Por qué piensas que vales más ?
acaso por tus venas corre sangre azul ?
eres como todos, con derechos a virtud
y también terminarás el viaje en la eternidad.

No se debe menospreciar a nadie jamás
pues, todos somos cubiertos por el cielo,
si estamos vivos, en la tierra viviremos
y entre hipocresías y guerras, buscamos paz.

Reflexiona antes de juzgar a los demás
ten presente que quizás mañana te puedan servir,
es posible que pienses que nunca vas a morir
por sentirte con el privilegio de poseer más.

Entre la tierra y el cielo existe un ángel fugaz
que piensa, y vaga… buscando un camino,
puede que esté escrito para aliviar los destinos
de esos que han creído que valen más que los
demás.

Por qué piensas que vales más…?
si estamos en esta tierra que nos arropa,
sintiendo frescuras cuando el viento sopla
esperando algún día viajar a la eternidad.

POBRE MARINERO

Ser pobre es un derecho
   que tenemos los humanos,
   andar tristes, cual ciudadano,
   pero con muchos sentimientos.

   Sí... nos abraza el viento   y
con el calor del día   vivimos
con alegrías   mientras
el rico está sufriendo.

   Mientras tú... marinero honesto
   dormías en alfombra de piedras,
con pesadillas por las grietas
que iba dejando el tiempo.

   No olvidarás esos momentos
   aunque el dinero te cobije,
pues, eres de ley y gimes
por los que aún están sufriendo.
*** J.L.O ***

EN... NOTICIEROS

Sueño cuando mi alma reposa,
en silencio construyo mis ideas,
subo por los peldaños sin escaleras
cual ave… imita a la bella mariposa.

Escribo mis sueños cuando despierto
para que queden mis ideas bien claras,
mi sueño, es dejarlas bien plasmadas
y que se expandan con el dichoso viento.

Deseo lean tristezas, y mis lamentos
que se interpreten las letras escritas…
que sientan en metáforas descriptas
algunas quimeras que estoy escribiendo.

Quimeras e utopías estoy sintiendo !?
adornadas con frases muy verdaderas,
veo a la mariposa volar, cual bandera
en aquella isla que aún está muriendo.

Mi alma aún sufre con mucho silencio
aunque reposa en silencio… callada,
siente de muchos, esas carcajadas
que aún se escuchan, en los noticieros.

*** J.L.O

LUCES, Y FIGURAS

Luces extrañas alumbran el camino
dejando sensaciones en almas impregnadas,
objetos fugaces desaparecen de la nada
dejando tatuadas imágenes en nuestros destino…

Busco detrás del horizonte un pronto descripto
gaviotas que vuelan en formas inexplicables,
son grandes, rápidas, inalcanzables
con luces bellas, brillantes e inaudito…

Sin hacer mención, éstos aun escribo
esperando siempre, lo negativo del que lo lea,
pues, quizás se piense que no hay escalera
para llegar a la cúpula de lo que hoy escribo.

Somos hábiles hablando del destino…
pero jamás creemos en lo que otros ven,
la incredibilidad se siembra en la cíen
prefiriendo ignorar lo que otros han visto.

Si fuese pintor, dibujaría, lo que algunas veces he
visto
para explicar la estructura de las imágenes…
las he visto, aún cuando miro los paisajes
esas figuras enormes que otros han visto.

Dejaré de tarea las extrañas luces que me alumbran
pues, pienso que aunque les alumbren, jamás
podrán creer,
que existen ésos ruidos que nos sucumbe
aquí en nuestra historia… y en la historia de ayer.

*** J.L.O ***

"REFLEXIÓN"

Hay veces me pregunto ?

Por qué no aceptar lo que Dios puso para que entendiéramos- que hay una creación existente que de alguna forma nos consigne. Pues, existen '' aunque callado'' una creación que a lo largo de nuestra existencia se ha probado que desde hace mucho nos vistan… ? Será que no aceptamos que son superiores a nosotros ?

O, en realidad, nos creemos los mas superiores… es posible que el egoísmo nos lleva a transformar lo existente inventando que solo es el producto de los adelantos… Espero que algún día el mundo humano se atreva a decir; ¡ tenemos vecinos más inteligentes !, pues han probado que son capaces de viajar a % de años luz de distancias, y que nosotros los humanos a penas podemos llegar a Martes, con equipos no suficientemente sofisticados como para hacerlo con la misma rapidez que ellos….

Dudamos, o, no, nos conviene creer que son superiores ?

Son muchas preguntas que aun no han brindado respuestas concretas…

En lo particular; creo en la existencia de seres extraterrestres. Pues, he visto, (con pruebas) que han volado nuestro espacio mostrando su rapidez y brillantez… sin dudas, he podido ver que son de otras dimensiones superiores a las nuestras. Hay que ver y decir lo que se ve a diario en nuestro espacio,.. Por qué negarlo y dejar beneficios de dudas ?…

A qué se le teme…?

¡ Todos creemos en Dios !

Entonces, cual es el beneficio que existe para esconder tantos secretos existentes ?

Me parece que hay un interés mayoritario que no nos dejan investigar con claridad la existencia de estos seres que se dejan ver y sentir…

… A caso somos sus descendientes y lo ocultan con propósitos que no desean que conozcamos.?

Esto me motiva a escribir y que alguien alguna vez pueda leerlo y hacerse la misma pregunta.

???? Por qué ????

Si nuestro Dios fue capaz de crear a este mundo !

Por qué dudar que él creo a ese mundo de extraterrestre?!

Somos intrigantes, envidiosos, incapaces de aceptar que esos vecinos llegan con un propósito, que estamos en el derecho de saber para qué, mientras no aceptemos a esos seres, nunca podremos tener tranquilidad y seguirá existiendo la duda; que quienes son y por qué vienen aquí…

Hoy… un día más de ver objetos en el cielo, me atrevo a escribir mi sentir. Sabiendo que si lo dijera, fuese palabras al viento. Puesto que el gobierno sabe que ellos están aquí y no quieren decir al publico lo que piensan o al menos lo que están tramando, si vienen con mala intención. Sin dudas seremos sus primeras víctimas.

Esperemos que pronto, cuando ya no se pueda ocultar. Por fin nos digan; somos partes de ese mudo astral y pertenecemos a una dimensión inferior, por eso se ocultó por tanto tiempo. Consciente viviremos, y sabiendo que podemos ser títeres de su inteligencia o manipulados a su antojo como hasta ahora lo hacemos, lejos de ser como somos, seremos como ellos dispongan. Mi intención luego de desahogarme con mi escritura, es de alguna forma dejar claro, que no hay que pertenecer a la NASA para ver lo que esta a la vista de todos.

Aseguro que muchos ciudadanos del mundo, han visto objetos no identificados y que han callado por eso que llamamos (los incrédulos) jamás aceptarán que hay vida en otro planeta.

Quizás el fanatismo de los creyentes, sean los pioneros en inducir a que estos secretos a voces no le den cabida en el mundo cristiano… sin analizar, que esto de los ovnis es un tema que afecta o beneficia a todos. Sin citar a mi entender, que si esos seres existen, pudiera agigantar el credo. Pues, se probaría que Dios es omnipotente en todos los sentidos…o, jamás existió como tal…

Si no existen extraterrestres, Dios, nunca tuvo poder en nuestras existencias.

Si pensaríamos de otra forma. Entonces existe un Dios extraterrestre con mucho mas poder que el

que nos han impuesto desde nuestra existencia humana.
Preferiría pensar que Dios es el único que ha existido y que él creó a todas esas mencionadas galaxias.
Todas las galaxias fueron creadas o construidas por nuestro Dios… ?
¡ Espero algún día tener una respuesta básica y creíble !

''Reflexión''
(25 de Noviembre de 2009)
Jorge Luis Otero Hernández

LAMENTO

Aunque la distancia prevalezca
yo siempre te tendré a mi lado,
aunque sufra, aunque viva frustrado
tu presencia para mi será nobleza.

Cuando abra mis manos al viento
estrecharé con mi mente tu hermosura,
sin tener presente que la distancia es dura
te mantendré arropada en mi pensamiento.

Soy de los que siente, aunque lamento,
sentir lejos la fragancia de su aroma,
esas montañas cubiertas se asoma
ese río helado lleno de tormentos.

Si callo… es porque tengo sentimientos
y extraño cada una de sus palmeras,
miro a esos valles que aun anhelan
recibirme con los brazos abiertos…

Serraré mis ojos sin que me de ése viento
allá sentado esperando la luz del día,
atado como siempre por la hipocresía
con ese dolor que me fusiló por dentro.

Puede prevalecer la triste distancia

pero jamás me prohibirán que la extrañe,
cuanto siento, cuando los perros lamen
la sangre de la libre esperanza…

POR QUÉ LLORA UN HOMBRE

Está el día nublado
el sol se niega a salir,
las nubes se quieren ir
porque tú no estás a mi lado.

Las estrellas no han brillado
el camino lo veo oscuro,
quizás es muy prematuro
que sientas cuanto te he amado.

Llueve, sobre lo mojado
aunque ceca está mi alma,
pues, ya no siente esa calma
porque tú no estás a mi lado.

De repente te he extrañado
así como lo estás viviendo,
quiero llegar a tu encuentro
y sientas cuanto te he amado.

He vivido desorientado
porque lejos estás de mí,
yo que siempre te preferí
y no puedo estar a tu lado.

Amarte, siempre ha pasado
aunque vivamos distante,
seguiré siendo ese inmigrante
que a su cuna ha extrañado.

No puedo vivir conformado
porque lejos vivo de ti,
¡ cómo puedo amarte así !
si no puedo estar a tu lado.

Aunque el día esté nublado
y el sol no quiera salir,
a oscuras podría vivir
si pudiera estar a tu lado.

Ya mis ojos no están llorando
el sinsonte llora por mí,
…él que me ha visto sufrir
por no sentirme a tu lado.

El ruiseñor no ha cantado
por tener luto en su alma,
sufre sin esperanzas,
cual palmeras han secado.

Aún estoy distanciado
pero mi sentir está presente,
soy inmigrante permanente
en este país adoptado…

¡ Te quiero cuna…te amo !
siempre te nombraré,
extraño tu rico café
y ése tabaco exportado.

Aquí estoy exiliado
esperando volverte a ver,
nunca te dejaré de querer
aunque me tengan distanciado.

El día aún está nublado
el sol quizás pueda salir,
las nubes tendrán que venir
cuando yo pueda estar a tu lado.

PARA TI, AMIGO

La ilusión de un patriota
Aunque tenga que llorar callado,
Intenta ya demostrado
Luz que a su alma arropa.

Un poco de esperanza toca
Sigue amando y suspira
Intentará volver algún día
Otoño, si las hojas caen
Nuevo amanecer lo inspira.

Detrás de aquel horizonte
El dolor nunca ha cesado
Ultraje del degenerado
No ha querido,ni soñado.

Pero el patriota sí a amado
A pesar que exiliado está,
Tener que vivir en silencio
Ruega por ir a su encuentro
Intentar amar otra vez
Organizar un buen revés
Todos juntos otra ves
A la patria ilusión le damos.

Perdón pido a ustedes
El dolor me ha castigado
Rezo por haberles amado
Desde que amaneció.
Ótros me sancionaron
Nunca sabrán la razón.

*** J.L.O ***

DEL CIELO LLEGA

Brilla el sol como nunca antes
la tierra sufre por la sequía,
cuarteada sin tener mejoría
se muere todo al instante.

¡ Oh Dios mío… es importante !
que nos llegue lágrimas del cielo,
para que la tierra sienta consuelo
y su entraña puedan refrescare.

Se esconde el sol por la tarde
después de haber calentado el día,
llega la brisa con mucha alegría
y comentan sus almirantes…

Llega la brisa a la tardecer…
se ven los árboles alegres,
cisne llovizna que enternece
para brindar a la tierra placer.

Con ansias espero el atardecer
para contemplar los sembrados,
porque del cielo nos ha llorado
lágrimas para las plantas crecer.

SU ENGAÑO

Sufre un hombre mal herido
por un amor que lo ha dejado,
él, que siempre estuvo ilusionado
Pero ella, fríamente lo tiró al olvido.

Él, le desea muchas bendiciones
pues, ella escogió otro camino,
quizás encuentre otro destino
que la haga sentir ilusiones.

Por el contrario…ella lo maldice
deseando que sufra en la vida,
sin respetar que él le dio alegría
mientras los dos fueron felices.

¡ Pobre mujer, que malas entrañas tiene !
haz olvidado todo lo que él hizo por ti,
te brindó amor… y, te hizo feliz
pero tú… ni sentimientos tiene.

Testigos dicen lo que quieres…
y saben que tú nunca lo haz amado,
lo mantuviste bien engañado
haciendo creer que lo quieres.

Él… con silencio te paga

todas tus inesperadas palabras,
él responder… no le hace falta,
su conciencia será juzgada.

¡ Perdón; por haberte amado !
cosa que nunca mereciste
cuando mas te quise, te fuiste
porque todo lo tenías planeado.

*** J.L.O ***

A...T...P...(acróstico)

Amor; sentimiento que nace del alma
Mutilador de todas las malas vibras,
Obtiene el sublime poder de la vida
Revolucionando las almas y las alegrías.

Ternura; nobleza que expulsa el corazón
Emitiendo pureza en sus caricias
Rehusando el mal carácter y las agonías
Neutralizando el alma con ilusiones.
Uniendo corazones con precisión,
Reverdeciendo la esperanza de la vida
A quienes están prestos a la compasión.

Pasión; sentimiento natural del humano
Atracción sexual que es necesaria,
Sutil coito que nos encanta…………..
Imaginando sembrar con nuestras manos
Otoño que nos regala su fragancia.
Naturaleza creada para nuestras almas.

*** J.L.O ***

SUS OJOS VERDES

Como dos brillantes perlas, alumbran sus ojos
verdes esmeraldas, sublimes y encantadores,
sueños de mares, cual sirena y esplendores
nutren mi sentir, por eso de ellos me antojo.

Brillan en lo oscuro con mucho acojo
pues, la vista todo lo alcanza a ver,
me deleita su brillantez al amanecer
cual aurora hermosa, disfrutan mis ojos.

¡ Rostro ovalado, esplendido deleite !
hermosura femenina llena de esplendor,
silueta perfecta que invita al amor
ojos dulces, que al poseerlo, brinda suerte.

Brilló su claridad, alumbrando mi sendero
mostrando con ternura un nuevo amanecer,
rostro femenino que se deja querer
ansias por amarla… es lo que yo quiero.

Antojo de mi alma, poderla querer
sentir su mirada…cual perlas preciosas,
amarla con ternura y hacerla dichosa
porque sus ojos verdes,
me encantan de esa mujer.

*** J.L.O ***

PLEGARIA

Pido fuertemente al poder de Dios

por esos enfermos que aún padecen,

somos impotentes ante la enfermedad que crece

por ese motivo, se lo dedico a Dios.

Para la hermana de mi amigo Hugo, que se operó

pido para que se recupere de su cirugía…

que sienta de sus amigos, la simpatía

Y de esos deseos inmensos porque se alivió.

En mi deseo está, que pronto se alivie

Y que todo vuelva a su normalidad,

Que de esos enfermos, se sienta piedad

Y que ponga su mano, donde les alivie.

Sin saber pedir… ¡ hoy imploro a Dios !

Que ayude a que los enfermos se recuperen,

Que cure a la hermana de Hugo, que tanto quiere

Y sé que lo logrará, porque ella ama a Dios.

(Acróstico)

Dias tras días le pido a Dios

Imploro, para que su hermana se cure

Océano de bienestar él procure

Sempre en oraciones, porque él se sacrifico.

*** J.L.O ***

AMANDO

Amar…amar…amar
Amar, és el camino,
Largo, estrecho, sin medidas,
Se sufre… cuando hay una despedida
Pero amamos… porque así es el destino.

Siento entre celajes mi destino…
Largo, escabroso, sin hallar el fin,
Siembro flores, claveles en mi jardín
Para ir surcando canteros oprimidos.

Quién podrá descifrar, cuál es su nido ?
¡ Solo amando, pudiera encontrar respuestas !
Esperar que el cielo, me abra sus puertas
Y escribir los versos que aún han leído.

Amar… amar…amar, és el camino !?
Interpretar por qué muchos se han marchado,
Por qué se van…si ellos también han amado
Y han dejado en cada historia, su triste destino.

Amando és como vivimos
Mirando el futuro cercano
Acogiendo a los ciudadanos
Neutralizando los caminos.
Dios… es el mejor destino,

Obedeciendo sobrevivimos.

*** J.L.O ***

GENTE

Me gustaría poder creer en toda la gente
pero me obstino ver tantas falsedades,
que vean las verdades como tempestades
y que con dos rostros solo han de quererte.

¡ No; se lidiar con ese tipo de gentes !
y veo que me rechazan por no aceptar la verdad,
piensan que si los aplaudo tengo su amistad
cuánto siento... no poder complacerles...

Si en mi destino está, que no puedan quererme
me gustaría que de una vez me ignoraran,
no deseo que me traten con dos caras
por eso me retiro, para que no puedan verme.

Le huyo a la hipocresía y al insolente...
a esos que sin amor, prefieren tratarte,
los desengaños me han dolido al instante
pero luego comprendo, que no debí quererles.

Desde temprano quise creer en la gente,
pero los golpes siempre me enseñaron,
que por adversidades, no dejé de dar la mano
aunque crean que soy tonto por quererles.

Me apena los engaños y las decepciones...

me acostumbro porque nací dentro de la mentira,
fui creciendo sin aceptar a los que no me querían
hoy pondré distancia… para no sentir dolores.

Ya olvidé cuántos versos escribo por decepciones,
pues, es mi forma de desquitar lo que aún siento,
olvidaré a esa gente que no tuvo sentimiento
pero seguiré brindando mi mano y que Dios los
perdone.

*** J.L.O ***

TRES AÑITOS

Llegó en el mes de julio y vio la luz
mil noventa y cinco días, para dar alegrías,
tierno niño con carácter y simpatía
orgullo para toda la familia.

Travieso como él solo... y bien cuidado
piensa gobernar al que lo rodea,
juega baseboll y basquetbol con quien sea
porque así está creciendo a nuestro lado.

Christian; nieto que crece día a día
lleno de cariño y mucho amparo,
es el más chico... y lo amamos
porque su presencia nos da alegría.

En un parque de agua le celebramos
sus tres añitos primeros
para que sienta que lo queremos
y que juntos, sus tres añitos celebramos.

Al crecer, éstos versos le habrán enseñado
que él, es un pilar para mi existencia,
por eso quedará plasmada mi paciencia,
para cuando él entienda mi legado.

14 de julio, nos ha alegrado

con infinita y tierna alegría
mi nieto, vio la luz este día
y lo siento como mi regalo.
(ES MI REGALO)

(14 de julio de 2013)
*** J.L.O ***

EPÍLOGO

Soy y seré la última persona en terminar mi obra
pues, en el montaje del teatro de mi vida,
soy ese epílogo que no ha sentido alegría
aunque el valor para hacerlo no me sombra.

Soy y seré ese dolor que no me asombra
pues, he tenido que vivir encerrado,
en ese teatro que el gobierno ha montado
y mal vivir con lo que a ellos le sobra…

Epílogo…soy así porque seré el último en callar !?
aunque el famoso teatro me caiga encima,
que importa que me traicione la alegría
 a quien le interesa que la verdad valla triunfar…?

Las respuestas…
solo la dirá el tiempo
quizás cuando existan más muertos,
porque las pruebas los van a desollar.

Esas obras, jamás debieron comenzar
pero la ignorancia seguirá destruyendo,
a esos pueblos que en silencio han muertos
sin derechos a buen día disfrutar…

Entre el silencio y angustias

Puedo decir que he vivido,
Intentando buscar un camino
Lejos de lo que al mundo asusta
Otros con el dolor disfrutan
Gozando con lo que al mundo le duele
Obedeciendo al traidor que aún no muere.

POR QUE LOS VIAJES

Por qué tantos cubanos por el mundo
Usted se ha sentado a aberiguárlo??
somos cubanos sublimemente despreciados
o por la tiranía de un ser despiadado…?!

Cuántos cubanos no aceptan al sistema?
a caso ese es el motivo para la inmigración?
cuántos exiliados sufren por el dilema?
cántos han sufrido desde que aquel llegó?!

Viajan los cubanos… aunque no deseen !
buscan exilio… para encontrar libertad,
mucho sufrimiento desde el cincuenta y nueve
en aquella isla cautiva…sin prosperidad…

Sin ser marinero, buscan nuevos horizontes
aquellos cubanos que desean libertad,
muchos no pueden porque los aprecia el monte
otros no han llegado…porque muertos están.

Cuántos cubanos viven en otros mundos?
por qué han tenido que marchare?
el gobierno divide los sentimientos profundos
por eso los cubanos sin querer van de viaje…

HAZ ALGO POR TI

Pensé que la vida te había enseñando
como conducir por caminos escabrosos,
te vi volar como nunca imaginado
y hasta demostraste placer y gozo.

Sorpresa para mi ingenua alma
verte transitar por otros senderos,
te fui siguiendo con mucha calma
y pude ver en tu auto otro pasajero.

No aprendiste como hubiera deseado
y sentí de ti…mucha indiferencia…
no te importó cuándo pude haberte amado
solo te marchaste sin medir consecuencias.

¡Hasta nunca… y que encuentres paz!
tal vez eso sea lo que has merecido,
nunca olvides mostrar sinceridad,
trata nueva vida, aunque no sea conmigo.

*** J.L.O ***

QUIZÁS SEA TARDE

Cuba, recibí tu adiós con lágrimas en los ojos
pero tu imagen, en mi mente estará tatuada,
Cuba, tu eres mi corazón, eres mi tesoro
y así vives en mi mente, aunque desolada.

Soy uno de tus hijos que no te olvida
seré por convicción tu fiel aliado,
solo de nombrar Cuba, siento alegría
aunque las circunstancias nos hayan separado.

Cuba, suelo que vibraba de tanta alegría
suelo hermoso que muchos pudieron conocer,
Cuba, tu gente estaba llena de simpatía
hasta que el hijo del diablo tomó poder…

Cuba, recibí tu adiós y desde entonces estoy triste
no he superado los deseos de estar en tus calles,
quisiera volver a ver al ruiseñor comiendo alpiste
y disfrutar de los bellos paisajes en tus valles.

Al decir tu adiós… mi alma se estrujaba
pero tu imagen, jamás pienso perderla,
conservo la ilusión de no verte cautiva
así sea un poco tarde, Dios no lo quiera.

*** J.L.O ***

SERÁN LEIDAS

Solo en libros guardo el pasado
porque escribiendo guardaré silencio,
después lo expongo como he soñado
y que sientan lo que lo que estoy sintiendo.

Guardaré una a una, las letras
hasta tanto pueda formar mis versos,
no solo por alegría escribe el poeta
también con dolor él regala sus besos.

No se aprecia del cielo tanta lluvia
no se aprovecha la radiante luz del sol,
no se respeta que en la tierra hay penumbra
no insistimos en compartir nuestro amor.

En los cuadernos viven las respuestas
son esas letras que ya nadie quiere leer,
muchos siglos los los han escrito poetas
esperando algún día los puedan entender.

Estos versos estarán en páginas negras
hasta que se lean con claridad merecida,
la lluvia limpiará las conciencias
cuando en escuelas, puedan ser leídas.

*** J.L.O ***

NO

Atrévete a negar que lo quisiste
después que le juraste tanto amor,
fustes como ''esas'' hasta que conseguiste
burlándote miserablemente de su ilusión.

Atrévete a negar de su elegancia
de ser ante tus ojos un caballero,
no mereció que lo acusaras con arrogancia
siendo una víctima de su propio anhelo.

Atrévete a reconocer tus propios errores
aceptando que actuaste cobardemente,
no lastimes más, a quien te regaló flores
busca una relación que te haga consecuente.

Atrévete… sin justificar lo mal hecho
comprendiendo que haz herido inútilmente,
engañando a quien te amó, con tu desprecio
sintiéndote víctima de tu subconsciente…

Atrévete a negar que lo haz querido
atrévete a negar que aún lo buscas,
sabes muy bien, que él si te ha querido
que por tu traición no te perdonará nunca.

*** J.L.O ***

DEL CÓSMOS

Cósmicos momentos acarician el alma
de seres que desprecian y olvidan,
del cielo llega esa voz que abriga
a esos sentimientos que hoy no callan.

Gestos despreciables han mostrado,
tal vez porque poseen riquezas,
escupen sin piedad a la naturaleza
a pesar que de ella, se han aprovechado.

Cual fruta prohibida están matando
rompiendo los designios de la naturaleza,
del cosmos les llega la gran pureza
para que no dejen a tanta gente llorando.

Cuantas bendiciones llegan del cielo?
por qué no hacemos que todos olviden?
dejamos de amar, por sentirnos infelices
olvidando que del cosmos, envían anhelos.

Si no calláramos sentimientos de purezas
y tratáramos de compartir lo que el cielo envía,
del cosmos… a todos nos regalarían
hermosos sentimientos de grandeza…

*** J.L.O ***

AL RELAMPAGUEAR

Mucha pasión se desprende de tu ser
cuando sientes que te están amando,
gimes de placer, se enciende tu ser
porque sabes que lo tienes ilusionado.

¡Hechizado, sublime… bien hechizado!
se siente detrás de las profundas miradas,
pasión sutil…que deja enamorado
a un indefenso…ser que no sabe nada.

Amar sin esperar, ser correspondido
és frustrante, despiadado y doloroso,
entregas tu vida, sin estar afligido,
recibes dolor, desengaño espantoso.

Cuánto se quiere…cuánto se ama?
quién devuelve hermosa ternura?
en versos se escribe …y se aclama
lo bello del amor y la sutil cordura.

Se desprende de ti el sentimiento de amar
el placer se esta derramando de tu interior,
hechizado lo dejas como relampaguear
porque él si está repleto de amor…

***J.L.O ***

CASTIGADO (soneto)

Se ama aunque estemos enfermo
porque el amor así lo requiere,
hay que permitir que esté contento
puesto que así entre dos sucede.

Se leen en tranquilidad los versos
dejando viajar la imaginación,
entre letras, puedes brindar tus besos
es que del alma brota la sensación.

Aunque la enfermedad te lastime
siempre viviré mi vida amando,
pues, me encanta sentir como gime.

Corazón prefiere seguir amando
Aunque la enfermedad te castigue,
prefiero amar aunque castigado.

CORREN LOS DIAS

Seguirán pasando los días,
las horas, los meses, los años
aquí esperaré sin alegría
triste, dolido, con desengaños.

Siento caer la intensa lluvia
aquí, desde mi rincón, mi ventana,
¡cuando relampaguea alumbra!
soltando lágrimas de mis pestañas.

Los días corren a prisa
sin poderlos detener,
sigue enferma la alegría
por culpas de un gobierno cruel.

Los años se muestran grises
castigados por la tristeza,
existen en el paraíso infelices
obstinados por la naturaleza.

La lluvia cae sin detenerse
el rostro se mantiene mojado,
los días grises, van y vienen
por relampaguear temprano.

SI TE FUISTE, YA NO REGRESES

Si te marchaste del lado de esa mujer
porque obtuvo una distinta apariencia,
...es porque la dejaste de querer
pero si se encuentra a otro, ''no te ofendas''.

Si la humillas por su apariencia
le cavas una tumba sin esperanza,
no quieres darte cuenta de la insistencia
que esta oprimiendo su alma...

La abandonas a su suerte...!?
enferma, sola, desorientada,
no la apoyas, no quieres verle
hasta saber que ella está recuperada.

Si la dejaste a su suerte...!?
y ella encontró quien le dio aliento,
reconoce que fuiste un zoquete
que no supo dar mantenimiento.

Si la abandonaste... ya no regreses !
porque otro ha ocupado tu lugar,
la hiciste sufrir con creces
hoy tu abandonó, lo vas a purgar.

GESTOS, Y ACCIÓN

Gestos de desprecios me murmuran
reflejando lo que en casa aprende,
cuando te acercas, siembras dudas
alejando un sentir que bien mereces.

El daño lo entierran en su conciencia
quizás cobrando por algo que ya pasó,
el silencio no vence a la experiencia
por no aceptar lo que seria traición…

Si se es feliz, con ese; 'el engaño'!?
pues solo queda resistir lo que sientes,
siembras dudas que pueden hacer daño
y confundir mas aún, a ese inocente.

Lazos sanguíneos…''tal vez, no existan''
y por esa razón, se muestran indiferentes,
quieren que lo interpreten en sus visitas
sin importar, lo que piensen la gente…

Tu gesto despreciable, yo no sanciono
pues aún no comprende del egoísmo,
con estas letras… yo te perdono…
quizás mañana, conozcas el cinismo.

(1 de febrero de 2014)

ASI FUE

Te amaba y tu correspondías
Te besaba y tu me apretabas,
Te fuiste llenando de alegría
Tu, con sutil amor soñabas.

Me buscabas mientras huía
Me acaricias al encontrarme,
Me murmurabas, con simpatía
Me fuiste queriendo al besarme.

La noche se hizo corta,
La alargaste con tu pasión,
Tu amor, fluía gota a gota
Tu estabas llena de ilusión.

Mis versos, fueron convenciendo
Mis letras, fueron comprensión,
Mi amor, te hizo ver lo que siento
Mi ternura, fue ganando el corazón.

Te amé, y tu correspondías
Te besé, y fuerte me apretabas,
Te cantaba, y te gustó la melodía
Te leí mis versos, y te encantaban.

*** J.L.O ***

MADRE Y PATRIA

Si amar a la patria es saber amar
espero que el mundo sepa querer,
existen razones para poder triunfar
y cuidar de su bandera si lo prefiere.

El que ama a su madre, ama a la patria
(ese) es digno de ser admirado,
todos los hombres a su tierra se atan
para un día recoger lo que ha sembrado.

¡Cielo azul; deseo izar la bandera!
sintiendo orgullo como buen patriota,
ver como el fresco viento la sopla
y que mis pensamientos vuelen con ella.

¡Oh, señor!
Tu que puedes abrir los caminos !?
permíteme que pueda escuchar al ruiseñor,
él que siempre canta divino
consédame ese favor señor!

La patria aguarda en la distancia
espera volver a ver a sus hijos,
(en su silencio)
a su cuna los traerá si es que alcanza
volver verlos sonreír en su momento.

PEINANDO

Peino los días, y las horas que van quedando
busco a cotejo para dejar versos escritos,
tal vez los lean… que se yo cuándo!?
pero será mi recuerdo, quizás más bonito.

Se que el olvido, llega muy pronto…
por eso ya estoy peinando la despedida,
…con mis versos, escribo a lo sordo
para que me recuerden algún día.

El tiempo, se que borra los recuerdos
por eso prefiero escribir mi peinado,
no hay viento que borre letras con acento
por eso prefiero que queden plasmados.

Los que crecen; tal vez les interesen saber
quien fue… ese que escribió recuerdos,
quizás tomen un libro para leer
y comprendan que el que escribió
ya está muerto.

Ahora que aun puedo, seguiré escribiendo
suerte deseo para todos los que me amaron,
cuando ya no este peinado, los sentiré riendo
y leerán mis versos, el día menos pensado.

MISTERIO

La vida va cursando silenciosa
¡dejando algunas huellas y melancolías!
las tardes se vieron hermosas
mientras mueren sus días
renaciendo la magia dolorosa.

Duele mucho la ausencia de la patria
la distancia solo deja melancolías,
tristes almas, esperando verla libre algún día
aunque aún impera la desconfianza.

Se vive en el destierro sin culpas…
de qué valdría seguir a sordas ?
somos seres que volamos como gaviotas
buscando un puerto que nos esconda.

¡ Han pasado muchos días silenciosos!
aún dejando que las huellas se pronuncien,
¡cuanta tristeza, cuanta melancolía dolorosa!?
por culpas del horizonte, que a la patria esconde.

Destierro… distancia… silencio
los tres han sido crueles con nosotros,
tener que soportar tantos misterios
y caminar hasta con los zapatos rotos.

TE BESO

Te quiero besar amor mío
en esta noche tenebrosa,
llenarte de los besos míos
y sentir tu alma seductora.
Te ansío como la fruta del pecado
para sentirnos dueños del paraíso,
que sean nuestros besos embelesados
que ese sea nuestro capricho…

Que del alma salgan los besos
que los labios se hinchen de besar.
que la respiración se haga embeleso
y que nos amemos hasta soñar.
Cuerpo a cuerpo nos apretamos
para que no queden libres los besos,
amarnos mientras podamos
para dar nuestro capricho por hecho.

*** J.L.O ***

TU SILUETA

Deseo tu cuerpo acariciar
y hacer que sientas la ilusión,
correr tu cuerpo y poderte besar
y que fluya en ti, esa pasión.

¡Amar, no es simplemente amar!
requiere sentir sublime ternura,
es compartir y saber expresar
ese amor convertido en dulzura.

El cariño lo convertimos en amor
el amor lo llenamos de ilusiones,
del amor nace ese hermoso calor
el va quemando nuestras sensaciones.

La silueta de su cuerpo voy acariciar
hundiendo los dedos en su piel,
porque mis ansias es poderla amar
y que mi fantasía la haga sentir mujer.

*** J.L.O ***

AQUELLA NOCHE

Te sentí mía aquella oscura noche
porque amaste con todas tus fuerzas,
tus sentimientos jamás escondes
porque esa es tu sutil naturaleza.

Tu sinceridad me pudo convencer
''por eso aparté mi tristeza''
pude visitar donde tu sol se esconde
y sentir que mi amor pudo renacer.

La vida me dio como arma el amor
y lo tomé para triunfar en la batalla,
¡quiero ir a la guerra con honor!
para libre… pasear por tu playa.

¡Cuando estas conmigo, te siento mía!
porque siento de tu alma las fuerzas,
te siento libre; veo en tu cara la alegría
demostrando una vez más tu naturaleza.

*** J.L.O ***

ATADO A TI

Te quiero ver junto a mi
mirar el sudor de tu frente,
sentirte enloquecídamente
que sientas pasión dentro de ti.

Quiero tenerte abrazada conmigo
para que me transmitas lo que deseas,
quiero ser tu único camino
y amarte de cualquier manera.

¡Quisiera tenerte… como tú a mí!
que el mundo se rinda a los pies,
besarte como un día prometí
recordar el amor cuando te encontré.

Atado, me tendrás a mí
para secar el sudor de tu frente,
vivir mi amor junto a ti
para amarnos eternamente.

*** J.L.O ***

EL ROJO, Y MAS ROJO

El rojo maligno dolor en Venezuela asoma
sembrando traición, y carencias de anhelos,
Cuba fue su escuela, por eso también llora
llenando a estas dos naciones de desconsuelo.

No veremos frutas con dulzor sembradas
ni poemas tiernos que hablen de amor sincero,
habrán muchas traiciones y crueles puñaladas
y un gran desamparo que nos dejaran encuero.

La miseria será, nuestra mejor aliada
mientras ellos, todo exportan al extranjero,
dejaran a nuestras tierras, divididas y agitadas
llorando los ciudadanos sin tener consuelo.

Eso es lo que merece un pueblo cuando calla
eligiendo conformidad… y mal, aplaudiendo,
somos como ovejas que su pastor subraya
un camino escabroso, sin tener dueños…

Cuba y Venezuela, maligna escuela han tenido
porque sus maestros odian a su población,
tendremos que soportar lo que aplaudimos
esperando de esos esbirros, solo la traición.

*** J.L.O ***

CUANDO TE CONSIGO

Me parece que vivo en ti acompañado
desde que se fueron los meses, y llegó el año
me siento arropado a ti y bien acompañado
y así me gustaría vivir, como ermitaño.

Espero momentos, ansiando tu llegada
para sentirme como antes me sentía,
quiero junto a ti conservar esa velada
porque yo le estoy huyendo a la partida.

Estoy viviendo solo con tus recuerdos
y esos recuerdos…solo recuerdos son,
te quiero a mi lado, sin tormentos
te vi partir un día, y yo no se donde voy.

Me parece que vivo en tu sutil custodia
ya se han ido los meses con sus días,
quiero tenerte a mi lado y sentir esa gloria
porque solo a tu lado, consigo esa alegría.

*** J.L.O ***

A QUIEN

Que es la vida
tu la conoces hoy,
estamos de paso
o buscamos alegría.?

Todos estamos vivos
? por qué, tu lo sabes,
respiramos muertos
o estamos afligidos.?

Caminamos en tinieblas
con la vista bien fija,
sin derechos a opinar
ellos son quien gobiernan.!

La vida es un cuento
lloramos y aplaudimos,
sufrimos los momentos
y sin alegria vivimos.

Me despido, o ya me fui?
porque estoy, y no me ven,
parecen no saber sufrir
y no respetan a quién.

*** J.L.O ***

PELO BLANCO

Para usted, mujer de pelo blanco
mis versos dirijo con toda ternura,
al abrir mis ojos las veo en el banco
donde repasaban su mágica lectura.

Para usted, mujer de pelo blanco
mis besos, dejo el viento los vuele,
para donde estén, sientan encanto
sepan que a mi, la ausencia duele.

Para usted, mujer de pelo blanco
respetos dejo lleguen al infinito,
sepan que seguiré queriendo tanto
y que al recordarlas, siento bonito.

Para usted, mujer de pelo blanco
experiencia por el tiempo vivido,
me permito recordar aquel banco
y desde entonces las he querido

Para usted, mujer de pelo blanco
Han dejado como legado sabiduría,
en mis sueños las veo descansando
las recuerdo, junto a la madre mía.

*** J.L.O ***

MI RELOJ, TIP TAP

Mi reloj no quiere caminar
todo me parece sentir despacio,
no veo luces para poder andar
quiero un camino despejado.

De mi reloj, no siento el tip tap
tal vez el tiempo esté ensordecido,
de un siglo, ya pasé de la mitad
y entre ellos; varios no he vivido.

Triste reloj, lo mandaré a arreglar
aunque haya que cambiarle piezas,
quizás pueda volver a funcionar
aunque envejezca mi naturaleza.

Reloj…¡no me vallas a fallar!
tengo que continuar mi largo viaje,
debo en mis versos expresar
cosas, antes de cambiar de traje.

El reloj me llevará a la eternidad
pero antes, tengo que dejar escrito,
que el tip tap, no podía escuchar
o será que yo había ensordecido.

*** J.L.O ***

TRAS LA SOMBRA

Hermoso amor, tras la sombra de un árbol
sonrisa sublime del escultor tallando la piedra,
imagen perfecta de un cincel y el marro
verdades ocultas, cual daño hace la hiedra.

Enredados pensamientos de un imposible
cirugías complicadas del amor eterno,
conducta respetuosas, y algo pasable
sienten dos corazones, sin ser dueños.

Destinos separados por la distancia
silencios de fronteras solo imaginadas,
horizontes lejanos sin nada de culpas
amor comprendidos por solo una mirada.

Reverdece el amor sin riego de besos
el escultor, solo le da filo a su cincel,
la piedra brilla mostrando reflejos
el escultor, se oculta tras el árbol aquel.

El arte de amar, complica cirugía de amor
porque el respeto, vivirá perpetuo,
solo en imagen conserva la ilusión
Si algo casi es imposible, es darle un beso.

TORPEZA

Si por mi causa desaparezco
debe ser que molesta la franqueza,
tal vez en otro tiempo leerán mis versos
donde los acuso por su torpeza…

Deseo dejarles mi sublime adiós
para que vivan su tiempo preocupado,
ante ellos, jamás humillado fui yo,
estuve al amparo con mis manos.

Por mi causa siempre luché
aunque quise que creyeran otra cosa,
no confiaba por ver mucho que hacer
suavizando el delito como a una rosa.

De algo, todos nos iremos un día
porque Dios nos trazó un destino,
queremos vivir eterna fantasía
pero un sistema equivocó el camino.

Si por mi causa debo marcharme
que me cubran con mi bandera tricolor,
sé que en mi viaje podrán cobijarme
y atentos, leerán mis versos de honor.

*** J.L.O ***

TIERRA

Miro desde lo alto a la tierra
sin escuchar murmullos ni quejidos,
rodeada de agua, se ve tan bella
que me siento bien sorprendido.
Hermoso verla brillar como estrella,
Sentir el sabor dulce primitivo
ver como los nativos la cosechan
y la cuidan porque ahí han nacido.

Desde lo alto se puede apreciar
lo hermoso de la naturaleza,
como se forman las montañas
y el agua fresca por la pradera.
ríos largos, y estrechos corren
entre árboles y pulidas piedras
filtrando ese agua tan pura
mirar cuando el sol se esconde.

*** J.L.O ***

AIRE

El aire bate mi rostro
pero llega y puedo respirar,
mis pulmones son hondos
amo cuando he de respirar.

Suave aire que alimenta
toda las vidas existentes,
aunque no tenemos en cuenta
que debemos cuidar el ambiente.

Algunas veces nos despeina
nos vuela objetos de las manos,
pero somos del planeta existencia
debemos ser buenos ciudadanos.

¡Cuidemos el medio ambiente!
que el buen aroma, el aire lo disperse,
que la fragancia fresca esté siempre
porque el aire se encarga sin verle.

*** J.L.O ***

ACARICIAME CON TUS BESOS

Acaríciame … como te acaricias mi mirada
para que coseches de mis ojos sublime arrullo,
y que en cada aurora veas la luz de la mañana
acaríciame… que mi amor, debe ser como el tuyo.

Acaríciame…junto a la aurora, a la esperanza
que nunca mueran esas ansias de amarnos,
que no se esfume ese sendero de añoranzas
acaríciame… que mi amor por ti, yo lo ataño.

Acaríciame amor mío, como lluvia primaveral
como el planeta cicatrizado sin piedad por el hastío,
como acaricia la luna a las estrellas nocturnal
así de sublime, como corre el agua por el río.

Acaríciame como yo a ti… sin nada de prisa
entregando mi ser por solo sentir tus besos,
para poder sentir tus labios cuando me acarician
y gozar de mis inquietudes… el embeleso…

Acaríciame…arrúllame…sin nada de prisa
que las ilusiones se agiganten y se enciendan,
que esta pasión entre los dos sea infinita
y podernos amar…hasta que las alma puedan.

CIUDADANOS (soneto)

Ansío ver al horizonte más claro
acortar distancias y los silencios,
seguir amando, como he amado
que mis besos los expanda el viento.

Mundo…¡si fuese como he soñado!
para que brillaran los sentimientos,
escribiríamos como he pensado,
todos sintiéramos como yo siento.

Lleguemos más allá del horizonte
para al fin, todos darnos las manos,
juntos oír los cantares del sinsonte.

Ansío poder ver todos mis hermanos
aunque tenga que alzarme en monte,
gritar bandera, como ciudadanos.

*** J.L.O ***

DESTINO

Se siente ausencia cuando crecen
o es que nos mostramos susceptibles?
es obvio que ese cariño desaparece
por eso nos sentimos algo invisibles.

Se siente por mínimo que sea la ofensa
un murmullo hondo hasta el corazón,
ya crecieron, dejando la inocencia
que importa que sintamos dolor.

Se han marchado, o 'se han quedado'
aunque se encuentra cruel justificación,
tal vez, sin poder de haberse preparado
juzgan… sin pena, ni angustia, ni temor.

Se notan los pasos cansado de caminar
hoy por hoy… esos pasos no tienen valor,
que importa que los pies se hayan cansado
el mundo nos desprecia por su opinión…

Duele la distancia y la ausencia…
duele escuchar el murmullo sombrío,
ya crecieron… no hacemos faltas
invisibles seremos ante el destino.

*** J.L.O ***

FINGIR

Fingir amor sin sentirlo
es pecar, traicionar sin medidas,
curiosidad, dudas, y gran martirio
todo lo peor que puede existir en vida.

Fingir pasión, es engañare uno mismo
dar motivos a que divulgue la gente,
ser el centro de todo con egoísmo…
es ser en el fondo… mala gente.

Fingir placer… es burlare del amor
es traicionar los mandamientos divinos,
seria peor que complacer al desamor
es tan horrible como sentirse mezquinos.

Si finges…es porque no sientes ilusiones
porque tu ego… debe de estar por el piso,
no mereces amar, por no tener condiciones
hacer el amor sin placer, debe se un suplicio.

Fingir, como muchas gente lo están haciendo
por el simple hecho de poder lucrar…
son falsos, hipócritas, que ni muriendo
de sus sucias historias, lo podrán borrar.

*** J.L.O ***

NO DOY RAZON

Nunca doy razón de lo que hago
y muchos menos de lo que voy hacer,
no me preocupo porque si debo pago
porque así es un hombre, si sabe querer.

…A nadie le importa mi vida
aunque acepto los consejos,
pretendo mostrar alegría
para con honor, llegar a viejo.

No cuento para que no quede dudas
mi silencio guardará palabras,
ser verdugo no es buena fortuna
pero mis versos, son mis medallas.

Razón…¡a nadie le debo!
silencio…es lo preferible,
mis letras expresan el reflejo
de lo hondo de mis cicatrices.

Nunca digo lo que voy hacer
para que la sorpresa sea bendición,
trato, o actúo, como me van a querer
porque nunca aceptaré una traición.

*** J.L.O ***

AJENA

Como ave canta su alma
cual arena mueve los vientos,
como cuando el mar está en calma
así escucho sus sentimientos.

Cual rocío en bellas mañanas
así como el crepúsculo se esconde,
así escucho al ave que canta
aunque este lejos el horizonte.

Escucho como canta su alma
siento todo mío su silencio,
veo como el mar sus olas arrastra
la siento llorar con sentimientos.

Mis sueños ya no se miran
tampoco como sufre mi alma,
de mis versos deseo anhelar
que la paz haga constancia.

Como ave canta su alma
como trueno escucho sus quejas,
que importa que el mar esté en calma
si de mis sentimientos es ajena.

*** J.L.O ***

HAIKU

#1

Hoy, San Valentín
Amor, flores, amistad,
Eterno amor.

#2

Las bellas flores
Los jardines florecen
De puro amor.

#3

Destilan amor
Frescos, pétalos sonríen
Con su alegría.

#4

En primavera
Las flores reverdecen
La lluvia riega.

#5
Llega la lluvia
Dios, ama a las plantas
Divino padre.

NO HAY CASTIGO

Si el destino te pone a escoger
entre él, y lo que piensa la gente,
con el tiempo puedes deshacer
"las opiniones"
de los que no aman profundamente.

Debemos seguir al corazón…
que es el juez que no se asusta,
el mira la verdad, tal como es.
y dicta sentencias justas…

Todos hablamos sin saber, ni sentir
que el corazón no entiende de razones,
cuando amamos… podemos sonreír
sin escuchar de nadie las opiniones.

Amar…¡Debemos amar profundamente!
siempre escuchando del corazón sus latidos,
porque él nos juzga…si no amamos suficiente
y ocultar el amor… sería dejar el amor al olvido.

Por amar, Dios no nos castiga!?
por el contrario, nos libera las puertas del cielo,
nos permite abrazar al amor sin fatigas
para que renazca el amor verdadero.

LA CRIA

Bartolo se comprometió
con una pava bien bonita,
en jaula los dos se juntan
como una pareja exquisita.

Mi nieto la nombró kuca
porque son hembra y macho,
los dos juntos en el patio
con las palomas, gallinas y el gallo.

El gallo lo llaman Tito
es amarillo y canta hermoso,
viene cuando le grito
mis nietos sienten placer y gozo.

Bartolo… kuca…y, Tito
son los amos del palomar,
juntos conviven en la jaula
porque dentro pueden volar.

Mis nietos le dan de comer
y ellos llegan volando,
ya conocen a mis nietos
por eso los cuido tanto.

*** J.L.O ***

SIEMBRO EN LA TIERRA

Soy un hombre de campo
me gusta trabajar la tierra,
cosecho porque he sembrado
todo lo que recibo de ella.

Guajiro dicen que soy
porque me gustan los animales,
soy un guajiro…así soy
porque disfruto de los valles.

Siembro la tierra querida
separo a los animales,
hago canteros de alegrías
surcando las tempestades.

Me gusta oir al sinsonte,
al canario, y al ruiseñor,
los voy a escuchar al monte
porque son de la tierra cantor.

Quiero vivir en el campo
para disfrutar de la naturaleza,
mientras trabajo, oigo sus cantos
por eso sé que pertenezco a ella.

*** J.L.O ***

EN MI RIVERA

Permito tus abrazos en mi rivera
hermoso atardecer estrellado,
irradia tu sendero como estrella
así, como hoy, me siento ilusionado.

Esa miel…esa miel tan dulce de tu boca
abre senderos profundos en mi pecho,
con tus brazos, me acaricias y provocas
que mi alma, quedé complacido en tu lecho.

Tu en mi rivera…suspiras silenciosa
gimiendo complacida de ilusiones,
de tu interior fluye ese aroma tenebrosa
llenando de placer mis emosiones…

Te alimentas del crepúsculo y tenue luz
esperando lo sublime de la alborada,
siembro en tus entrañas con gratitud
esas expendidas flores perfumadas.

Permito tus abrazos en mi rivera
te acompañaré a los atardeceres alumbrados,
te complaceré a la ilusión con mi presencia
dejaré en mis versos… que nos amamos.

*** J.L.O ***

AMAR, DEMASIADO

Deseo encender tus carnosos labios
con dulce y sensual beso de mi boca,
que quedes dormida entre mis brazos
porque acariciarte, a mi provoca.

Sentirás el néctar de mis labios
cuando acaricie tu sutil ternura,
rendida quedarás entre mis brazos
después de compartir nuestra locura.

¡Recorro toda tu bella silueta!?
palpando cada rincón de tu cuerpo,
siento como mis labios te desean
Solo deseando, caricias y tus besos.

En llamas estaremos envueltos
mientras dure la apasionada locura,
nos mantendremos en sutil silencio
pues siempre, pierdo la cordura.

Quiero encender tus carnosos labios
para que tu cuerpo vibre de placer,
ya no quiero sentirme tan solitario
¡porque te amo demasiado mujer.

*** J.L.O ***

CON EL FILO DE LA LUNA

Si pudiera abrirte las venas
con el filo de las estrellas,
lo haría para que supieras
que solo por ti hago poemas.

La luna sería mi testigo
quizás las nubes me traicionaran,
porque solo a ti, poemas escribo
aunque haya más, quien me amara.

Si pudiera abrirte las venas
con el filo de la luna…
llegarían las azucenas
a los jardines en penumbras.

La luna… como testigo
salvaría que me juzgaran,
de querer entrar a tus venas
y en los poemas decir que te amaba.

Si pudiera abrirte las venas
y oír tus latidos pronunciados,
escribiría nuevos poemas
y que leyeran que nos amamos.

*** J.L.O ***

ARREPENTIMIENTO

Sin desearlo, puedes maltratar
ahuyentando el cariño del que ama,
te pudiera servir para alejar
a ese ser, que se entretiene con tu mirada.

Todos olvidamos sin darnos cuenta
acciones, deberes, o, obligación,
que esperar de un ser, sin experiencia
que olvida lo cotidiano, por diversión.

Castigos… después de inducirlo…
a que prosiga sin ver consecuencias,
lo juzgan… porque es atrevido
y responde mucho más de la cuenta.

A pesar de ser muy inexperto!?
ha heredado mañas que no debió pasar,
es un noble ser, de buenos sentimientos
pero de todos modos… lo van a juzgar.

El tiempo será el mejor testigo,
se verán profecías, ya mencionadas,
el inocente… buscará su destino
porque se siente acorralado,
sin poder decir nada.

A LA FINCA, TEMPRANO

Un temprano amanecer
mi nieto se ha levantado,
queriendo ir a la finca
como antes había expresado.

Temprano me dio de pies
recordando ir a la finca,
a buscar un cerdo para comer
y mirar a las gallinas.

Me insistió a darle de comer
cuando a la puerta se asoma,
tiene presente lo que dije ayer
de darle comida a las palomas.

Contento con su pareja de pavos
de esos pavos reales de la India,
Bartolo y kuca, son sus pavos
los que le dan a él la alegría.

Un temprano amanecer
a penas saliendo la aurora,
mi nieto... desvelado desde ayer
conmigo, alimenta a sus palomas.

NARCISO LÓPEZ

Narciso López elaboró mi bandera
allá en los años pasados,
él fue un buen Venezolano
que también amaba a la patria ajena.

La historia unió a Cuba y a Venezuela
cuando Narciso elaboraba la bandera cubana,
España aplaudía con la zarzuela
y todos bebían aquel ron de caña.

¡Cuánta historia entre dos patrias!
que hoy también se han unido en el dolor,
que mientras se alimentan, soplan como ratas
y dejan sufriendo a pueblos como aquel traidor.

Que pensaría Narciso, si tuviera que volver?!
y tener que enfrentar el dolor de dos pueblos,
tal vez… con sus manos, tratara de deshacer
el rojo maligno que opaca el azul del cielo.

Hermanos extranjeros que sembraron amor
hoy, solo la historia los dejan enterrados,
para que aquellos pergaminos escritos con amor
no los interpretaran mal, estos degenerados.

*** J.L.O ***

DESDICHADO

Me grita la distancia
me está silbando el viento,
me hiere la circunstancia
me oprimen mis sentimientos.

Se está desangrando mi alma
aunque visito los templos,
se está desbastando mi calma
y va a murmurar mi silencio.

¡Si tu me has abandonado
sabiendo que tanto te quiero,
en mi corazón dejas clavado
esa oscuridad que hay en el cielo.!

Ya no siento aquella alegría
está muriendo mi consuelo,
estoy viviendo en agonía
aunque siento ser tu dueño.

Que desdichado hoy me siento
fatigado haz dejado mi alma,
queda la sombra, cuando te pienso
porque dejas destrozada mi calma.

*** J.L.O ***

MI TESORO

Te siento como al aire que respiro
como la lluvia que bebo al caer,
eres como el sol con que vivo
como esa aurora al amanecer.

Te siento... cual cielo es mi techo
como esa corriente del río al llover,
eres el vaivén de las palmas en mi lecho
serás como las olas del mar... mujer.

La lluvia refleja todo tu triste llanto
serás como el rocío al amanecer,
oyendo juntos, del sinsonte el canto
y amándote, como mereces mujer.

Te siento como esas hermosas mañanas
escuchando el canto del sinsonte,
oyendo como su canto nos engalana
y observando temprano al horizonte.

No sé qué diera por estar en tu mundo
rodeado de tu mar... al que adoro,
por ti iría hasta lo más profundo
y acompañarte como un gran tesoro.

POR QUÉ LASTIMAN

Me oculto detrás del horizonte
para no sentir la hipocresía,
prefiero seguir oyendo al sinsonte
que al menos, me brinda alegría.

De forma cruel...veo que lastiman
a quien nos brinda la mano,
quizás por eso sienten envidias
o tel vez,... por ser un buen cubano.

Es preferible ensordecer el momento
o jugar con cartas marcadas...
para sentir como otros, el lamento
si entras en su juego, te dan de patadas.

Que la verdad sea el justiciero...
que la mentira sarga a la luz,
se juntan para hacer noticieros
apartando de un poeta, la virtud.

Seguiré oculto detrás del horizonte
visitaré solo, entre los fuertes vientos,
me deleitaré con el canto del sinsonte
para no ver, cuando lastimen sentimientos.

*** J.L.O ***

CULTIVO AMOR

Siento estallar de pasión mi corazón
escucho el latido cuando mis venas sonríen,
fluye entre tanta desdicha, hermosa ilusión
para que mi amor...con pasión se cultive.

Seré un fiel admirador de las pasiones
un pobre… y humilde apasionado,
buscaré entre la desdicha, las opiniones
y no vean en mi… cuánto he llorado.

Tengo ilusiones como tantos otros…
aunque el destino, me haya castigado,
seguiré pretendiendo entre todos
que puedo sentirme enamorado.

Haré una pausa… para soñar
tendré que esperar que el tiempo me acoja,
soy el paciente que pretende amar
aunque mi flor…ya se deshoja.

Mi corazón estalla de ilusión
mi alma no resiste el desengaño,
tendré que callar, por condición
para cultivar, algo de mis años.

JUSTICIA DEL CIELO

La sombra del roble me cobija
de esos destellos que pueden quemar,
aunque la sed de lluvia, se aflija
el hermoso río se va a desbordar.

Justicia divina, espero del cielo
para que apacigüe a este clima,
sale el sol… mostrando destellos
mientras las almas… se cocinan.

El roble… fuertemente se detiene
con sus brazos, soportando temperatura,
cobija con su sombra, porque él puede
aliviar las penas…y las amarguras.

Justiciar sería… dejar en paz los árboles
dejar que la naturaleza sobreviva,
que den bastante sombra en sus paisajes
para que detenga un poco, la temperatura.

La sombra del roble me cobija…
del fuerte sol, que me está quemando,
que permitan que los árboles sobrevivan
porque éste planeta, lo está necesitando.

*** J.L.O ***

DE ALLA, SE ESCUCHA

Gritos se escuchan de ultratumba
de hombres y mujeres fusilados,
fueron acusados porque le zumba
vivir en tu propio país, marginado.

Ser del país donde nace la rumba,
donde se vivía bailando en diversión,
hoy, han sembrado terror… una tumba,
se ha perdido por completo la ilusión.

Hoy son zombis sin derechos a reclamar
porque estos déspotas tomaron posición,
nuestros pueblos, no hacen más que llorar
sin poder defenderse de esa opresión.

Duele tener que expresar en versos
asesinatos de un gobierno fracasado,
sometiendo a sus hijos a otro universo
donde todos llegamos desterrados.

Gritos y sollozos llegan como recuerdos
de aquellos ciudadanos fusilados,
se ven huella de sangre, de los muertos
y eterno llanto, de los que aún no han bailado.

QUIERO HACERTE MIA

Qué mal me he sentido mujer
saber que con otro me engañas,
dejándome sin nada de esperanza,
sin poder dejarlo, un día saber.

Cómo lo pudieras llegar saber?
que amarte, es lo que quería,
te he buscado…y siento agonía
porque sufro por tu amor
le pregunté a tu doctor, sin él
saber, que quiero hacerte mía.

Tengo el alma muy vacía
porque no he podido verte,
si yo, solo quería quererte
y que no sintieras agonía.

No conforme con la despedida
prefiero callar mi silencio…
para no sentir mas tormento
aunque no pueda hacerte mía.

Tengo el alma destruida
desde que te marchaste mujer,
no he podido volver a querer
tal vez éso, es lo que tu querías.

LA BRISA DE MIS LETRAS

Cuando escuches la brisa de mis letras
son las caricias, diciendo que te quiero,
con ternura y caricias, te brindo anhelos
y ese sincero abrazo, por sentirme poeta.

Caricias te daré esta noche, sin nada de estrellas
de los jardines escogeré un jazmín hermoso,
vendrá perfumado para que sientas el gozo
y entre sus pétalos… escribiré estas letras.

La brisa fresca, te llevará las noticias mías
para en las noches, me recuerdes siempre,
espero que en humildes letras, sientas alegría
porque con mis letras, solo deseo quererte.

Escucha el zumbido del viento que sopla
y en esa brisa… podrás leer mis letras,
van expresando un canto, que en sus notas
te podrán dejar entender, cual es mi meta.

Dejo que mis letras, vuelen hacia el viento
para que al llegar… puedas entender mis letras,
sin orgullo…solo expresando lo que siento
para que aprecies, que me siento tu poeta.

E...P...D.

Pronto estará con Dios
recitando sus canciones,
otro mundo a él lo espera
para que recite las oraciones.
***

Al mundo él cautivó
dedicando su tiempo,
escuchando los lamentos
que algún día también sufrió.
***

Cuando recuerden a Paco
no olviden de su alegría,
con su guitarra él contrajo
toda la fe que se merecía.
***

Otro mundo fue a conocer
para cantarle al señor…
obedecer, y a disponer
y brindar todo su amor.
***

Del cielo nos llega la lluvia
entre relámpagos y truenos,
despidiendo a nuestro Paco
que marchó de este universo.
***

Entre sollozos y llantos,

con tristezas y agonía,
lloramos el desenlace
que Paco nos dejaría.
***

Luz habrá en el firmamento
porque Paco ha llegado,
cantando con sentimiento
a su guitarra abrazado.
***

Universo celestial !
que Paco repose y descanse,
que Dios lo mire con su cristal
y lo abrace en todo instante.
***

Cielo azul… hoy oscurecido!
que la tristeza dure poco,
Paco ya llegó a tu mundo
dejando en tierra, corazones rotos.
***

Invierno hoy se apodera
de las almas terrenales,
porque Paco cruzó fronteras
dejando a nuestros paisajes.
***

A Dios pido con fuerzas
que acoja en su santa gloria,
a Paco que hoy nos deja
y que tendremos en la memoria.

Homenaje a;

Francisco Sánchez Gómez
Nació; 21 de Diciembre de 194
 Fallece; 26 de Febrero de 2014

MURIENDO EL OLVIDO

El olvido está muriendo
mientras el recuerdo vive,
decir otra cosa, no es honesto
porque mi verdad existe.

Casi muere el olvido
aunque sé, que en mí sigue presente,
las heridas, yo las he sentido
por eso mi recuerdo es permanente.

Llora el ave en el horizonte
después de tantas batallas,
sufre el guajiro en el monte
porque enrojece las playas.

El guajiro nunca olvida
aunque las letras no entienda,
en su recuerdo está su vida
y el olvido, es su presencia.

Está muriendo el olvido
y el recuerdo se fortalece,
por las heridas hemos sufrido
mientras espero, cómo amanece.

*** J.L.O ***

LA TIERRA… MI CASA

Tierra… con amor te dejo escrito
en renglones bien descifrado,
que por tu intensidad sobrevivo
porque eres el paraíso designado.

Tierra…en ti, encuentro la luz!?
la firmeza por donde camino,
existe quien trate con ingratitud
ignorando que tú, siembras el destino.

Tierra fértil… con el don de alimentar
a la humanidad que ante todo proteges,
eres la cuna donde todos podemos respirar
aquí… en éste paraíso, donde las flores crecen.

¡Tierra…!, respetando secretos que guardas
¡miro al cielo! Y con voz entrecortada…
aún siento que eres la cuna adorada
que siempre brinda, felicidad y calma.

Tierra… una vez más, te dedico mis letras
y las escribo en renglones cortos y largos,
plasmo para que queden, recuerdo de un poeta
aunque haya tragado… buches amargos.

EN LA SELVA

En ésta selva de asfalto
donde el hombre predomina,
como mono, salto y salto
para mirar a mi vecina.

No se puede caminar
traslado de ramas en ramas
buscando como encontrar
a mi vecina en pijamas.

Selva grande y luminosa
transporte en pueblo asfaltado,
miro a mi vecina hermosa
con su cabello mojado.

Si supiera que la persigo
por donde quiera que pasa,
feliz sería su camino
de asfalto, en selva poblada.

Como animales raciocinios
en una selva asfaltada,
transitamos por las calles
como andar de ramas en ramas.

marchamos por las esquinas

buscando a quien vacilar,
deseo ver a mi vecina
antes que se valla a bañar.

VOZ, Y ECO

El encanto de tu voz
hace eco en mis oídos,
me acaricias con amor
sabiendo que lo he merecido.

Tu voz murmura delicias
tus encantos me enloquecen,
solo de verte, siento caricias
pues mi amor por ti solo crece.

Tu silueta está tatuada
como tu voz que murmura,
eres esa mujer amada
llena de tanta dulzura.

Me acaricia tu mirada
tu voz me excita a quererte,
eres mi bella alborada
aunque hay veces ausente.

Te amo hermosa alborada
no pudiera vivir sin verte,
te extraño como soñaba
nos podrá separar la muerte.

EPISTOLA (acróstico)

En un culto sorprendente

Puedo llegar a amarte,

Íntegramente, mereces

Sin tener que olvidarte.

Tengo ilusión hermosa

Otoño bello, candente,

Lágrimas y mariposa

A besar, tu buena suerte.

*** J.L.O ***

AQUINI AWAJINI

Siente sabor de venganza
en el alma triste, a dolorida,
porque mataron la esperanza
y desean cobrar lo que le debían.

…Aquini Awajini…
traducido en lengua castellana,
es triste porque los indios gimen
por los abusos que les mostraban.

Es el sabor de venganza
cobrando las humillaciones,
ellos sufrieron sin esperanzas
escondidos por las opresiones.

Si se traduce esa palabra…
sentirán su desespero,
cabalgando…¡así andaban!
tocando su tambor de cuero.

Entre humo y tambores
vivieron siempre huyendo,
sufrieron muchos sinsabores
los nativos en sus pueblos.

*** J.L.O ***

DIME

Cómo se puede sentir el amor
sabiendo que con otro has vivido?
él ...que tanto te ha querido
y extrañaba tanto tu calor.

Cómo se puede entender
que con otro lo hayas engañado?
después de ver que tanto has llorado
frustrada como mujer...

Creo, no saber entender
en relación a lo que dices,
no sé, si llegaste a sentir placer
o sólo con él te divertiste...

No conoces de dolor, ni de agonía
eres frívola... y despiadada,
mentirosa que finges alegría
que traiciona a quién te amaba.

Cómo se puede sentir el amor
después de conocer tu procedencia?
manipuladora... que vende pasión
como ave que vuela en ausencia.

*** J.L.O ***

SIGNOS

Si la luna no me alumbra
porque el sol la está castigando,
las estrellas estarán en penumbra
bajo un símbolo sagrado.

Tristeza es estar vendado
sin ver como enseña el destino,
sería como estar ahogado
en el mar, oscuro y sombrío.

La flamígera estrella me guía,
el compás va trazando el camino,
la escuadra, traza la linea
brillando la espada con su filo.

Ante la vida… me inclino
mientras la mano corta mi cuello,
con mis pasos cruzo caminos
y toco la puerta con anhelo.

La luna, el sol y las estrellas
son componentes del cielo,
ósculo, que estrecha diestras
signos que brindan consuelo.

*** J.L.O ***

¡QUÉ HEMBRA!

Me siento en el paraíso encantado
hasta ''Adán''tendría que envidiarme,
¡Oh, que hembra a mí me acompaña!
no hay hojas que alcancen a taparle.

Rodeado de la hermosa naturaleza
cercado de inmensas espigas de trigo,
esa hembra es más bella que las estrellas
que hasta Adán, desearía ser mi vecino.

Paraíso… gloria, todo muy divino
eso es lo que está sintiendo mi alma,
con esa hembra… jamás tendré calma
porque está tan buena, que no lo concibo.

Los dos en el bosques… con cortinas de aire
solo con hojas de árboles como sábanas,
jugamos en el río, para saciarnos
de esa libertad… como nos de la gana.

Vivir libre… libre como las aves…
amar sin condiciones ningunas,
ser libre, por esos sutiles valles
y vivir, bajo la luz de la luna.

PÁRRAFOS

Existen párrafos dando vuelta en mi cabeza
algunas lineas ocupando mis espacios,
vaga fracsología que no distingo con certeza
a decir verdad…nunca antes había soñado.

Los versos viven, como sombra o escritura
están prendidas en cada arteria de mi cerebro,
de las letras… soy su esclavo por natura
porque sin estar preparado… soy su dueño.

Las letras se visitan dentro de mi alma
y salen juntas para componer los versos,
éstos versos los formo como crucigrama
y después de hechos… brindo mis besos.

Oraciones hermosas las pienso y las escribo
las plasmo en una hoja con mi pluma dorada,
de mi cabeza… nacen frases que las dedico
a esas aventuras, de mis horas trasnochadas.

Tropiezan los verbos dentro de mi cabeza
y al ponerse de acuerdo, permite que los escriba,
soy un apasionado cuando dedico mis letras
porque escribiendo versos, mi alma suspira.

*** J.L.O ***

RECORRIENDO ILUSIONES

¡.Recorrí tu cuerpo con mis besos
llegué a todos los rincones de tu alma,
los sembré con mi furia y embeleso
pues, dentro de la furia, hallarás calma.!

Mi boca te arrullaba suavemente
escuchando la música que te encanta,
te besaré con toda furia ferviente
pues se siente la temperatura apasionada.

Mis manos recorren tu hermoso cuerpo
con mis dedos voy palpando tu alborada,
con la boca… te expreso mis deseos
porque tu desnudéz, es el alma enamorada.

Me siento bien al arrullarte con mis besos
pues tu piel, se eriza sutilmente ilusionada,
siento el aroma del perfume de tu miel
cuando fluye, desde el fondo de tus entrañas.

¡..Recorrí tus íntimos rincones!
con mis besos, humedecí tus esperanzas,
Viviste junto a mi, llena de ilusiones
porque supe llegar, a los rincones de tu alma.

NI LA MUERTE

Te recuerdo en mis noches de insomnios
porque antes me hiciste sentir muy bien,
tu escultura, contribuye a sacar demonios
por ese sentir que ocultas… no se por qué.

Los demonios… producen bellas ilusiones
los recuerdos… tienen presente la escultura,
los demonios… se basan en las pretensiones
los sentires… es lo bello, sexual y la dulzura.

Te tengo presente en mis noches de insomnios
porque tú…despertaste mi pasión abandonada,
soy el amante… que solo vive con pretensiones
porque solo deseo, que te sientas ilusionada.

Te he recordado, tal y como te he soñado
te he amado y te deseo enloquecídamente,
soy tu recuerdo, tu ilusión; lo que haz amado
y ese sentir… no lo separa… ni la muerte…

Viviremos en dimensiones diferentes…
pero el tiempo, con su magia nos unirá,
nuestros sentires, son fronteras pacientes
que en silencio… nuestras almas vivirán.

*** J.L.O ***

227

DOS BANDERAS

Soy cubano y amo a Cuba
aunque vivo en tierra extranjera,
soy añejo, como el vino de uva
soy como el triángulo de mi bandera.

¡Amo a las palmas…amo al río!
amo a la tierra y a la caña de azúcar,
amo al Ron que allí nos sonríe
amo al tabaco que encendido se fuma.

Aunque estoy en suelo extranjero
el recuerdo de mi tierra está presente,
no la puedo amar… como deseo
por culpas de un vil insolente.

Extraño inimaginablemente creíble
porque me siento cubano de cepa,
la añoro… aunque el mundo la descuide
la amo, aunque tenga raíces en éstas tierras.

¡Amo a dos patrias…a dos banderas!
tengo dos madres que me acarician,
soy cubano…de aquellas praderas,
y desterrado…recibo el cariño de ésta.

ABURRIDO

Aburrido de escuchar palabras ajenas
en periódicos, televisión, o reportajes,
cuadernos escritos como homenajes
por injustas causas que nos condenan.

Nos señalan, y cruelmente nos detestan
esos que aún presumen con libertinaje,
se presentan todos vestidos de traje
y degeneradamente y fácil nos condenan.

Quién reclama…? ¡Quién supiera!
si las ovejas han obedecido a su pastor,
no hay valor para gritar una queja
se prefiere llorar, callar, y sentir dolor.

En un viejo expediente hay causas abiertas
aun sangrando con dolor y martirio,
expresos de aquellos viejos presidios
los que están aún, con las puertas abiertas.

Aburrido de escuchar palabras y palabras,
la acción es lo que necesita nuestros pueblos,
luchar la libertad que aún esta privada
antes que conviertan el pueblo en cementerio.

*** J.L.O ***

VELAS ROTAS

No aprovadas; velas vuelan al viento
destruyendo balsas sin rumbos fijos,
ignorancia de gobernantes deshonestos
obligando a padres, abandonar el nido.

Gime el sufrimiento de desaparecidos
quedados sin reclamo en inmenso mar,
no encontraron puertos para otro destino
hoy, solo el silencio los ha oído gritar.

Abandonan su suelo, sin escuchar el eco
de gemidos que retumban en oídos sordos,
prefieren desaparecer sin que entiendan eso,
agrandan un cementerio, para enterrar a todos.

Amigos, no permitan que la maldad se repita
usen sus fronteras para que alivien su dolor,
hazlo ahora… que aún su corazón palpita
o serán los próximos cautivos, sin ilusión.

La furia del mar, destruyó muchas velas
las pobres balsas… las encuentran vacía,
los que pueden llegar, han llorado por pena
pues quizás por poco tiempo, tendrán alegría.

*** J.L.O ***

GINEBRA

Como ginebra es el sabor de tus besos
ardientes, húmedos, que queman de pasión,
besar tus labios… es sublime embeleso
sentir tus besos… es, enloquecer de amor.

Bebo el residuo del nectar de la ginebra
aun siento el dulce sabor de cálidos besos,
humedezco mis labios, al recordar como besas
y siento cómo me acaricias en tu embeleso.

¡Oh, mujer!
¡Que sabor exquisito tienen tus besos!
el sabor a ginebra, está en mí impregnado,
me siento preso… cuando tú me besas
que me gustaría vivir… en tu alma enjaulado.

Te siento en el aire, en las nubes, en el cielo
pretendo sentirte, aunque no estés a mi lado,
solo que me beses… es lo que pretendo
y sentirme tu preso… cuando me hayas besado.

*** J.L.O ***

CONDUCTA

Al castigar sin derechos, o por capricho
imponiendo fuerzas para hacerte notar,
violarás toda norma, convirtiendo en vicio
tu cruel manera…para a víctimas juzgar.

Si impones tus fuerzas, ante la inocencia
sin analizar por lo que la víctima ha pasado,
todos, un día cobrarán en mi presencia
por todo el miserable daño que han causado.

Por tener las armas… te sientes bien fuerte
humillando con tus fuerzas, a tus víctimas,
podrás con las armas, pero nadie querrá verte
porque recuerdan, todo el daño que hacías.

Despides… quitan, y ponen a su antojo…
sin admirar a los que se han esforzado,
aunque tengas fuerzas…serás un despojo
porque jamás en la vida, la razón haz tolerado.

Por castigar sin derecho…tendrás consecuencias
irás pagando, todo lo que haz causado…
te veré arrastrado, humillado, en mi presencia
y ante mí, que seré tu juez, y te habré condenado.

CIELO

Si en el cielo tú te encuentras
y deseas verme algún día,
no dudes en preguntarme
pues aquí, se acabó la alegría,

Quiero estar más cerca de Dios
poder estar junto a la madre mía,
cuando se fue, de mí no se despidió
y ahí fue, que se acabó mi alegría.

Aunque callo, siempre está presente
la siento en todas mis acciones,
entiendo que ella está ausente,
de volverla a ver, tengo ilusiones.

Si hay vida, en el infinito cielo
mi madre debe de estar en un rincón,
rezando para que encuentre consuelo
llorando, y que no tenga que llorar yo.

¡Cuánto la extraño!.. ¡Grito en silencio!
para no preocupar, a los que no deben llorar,
me quieren… y a ellos lo mismo demuestro
pero mis lágrimas, a ellos los puede frustrar.

*** J.L.O ***

MIS NOCHES

Las estrellas alumbran todas mis noches
cuando la espero, aunque demora en llegar,
me he desvelado…noches tras noches
porque el sueño, no lo puedo conciliar.

A media noche camino por el bosque
buscando, esa tranquilidad espiritual,
busco el embrujo que me brinda la noche
y el hechizo de la noche, que me hace soñar.

Sólo en las noches, hablo con mi conciencia
porque la tranquilidad, me deja reflexionar,
ya lo he practicado, y eso me da experiencia
y las estrellas, mis noches las ha de iluminar.

Busco cómo conciliar mi intranquilo sueño
pues he pasado, muchas noches desvelado,
quizás tenga insomnio, o soy un madero
cual carpintero, sus ramas ha cortado.

Las estrellas han alumbrado mis noches
aunque tarde llega… pero tarde ha llegado,
soy de los que espera, sin hacer reproches,
al fin de cuentas, el sueño no he conciliado.

*** J.L.O ***

BLOQUEO

Preso en el rincón del olvido
sin que nadie escuche las quejas,
estoy en silencio, y así he sufrido
ya que crecen, las mentiras que aquejan.

Es triste escuchar… ''que a ellos han creído''
esa infamia, por las que sufre un pueblo,
nunca habido votos libres, ni reconocimiento
de mi pueblo, que en profundo dolor ha vivido.

Han culpado…al que le brindó la mano!?
difamando de un bloqueo de nombre,
pues hacen negocios… por trasmanos,
para hacer denuncias, y que se asombren.

_Mentiras…mentiras que existe un bloqueo,
está probado que siempre han negociado,
viajan a Cuba… estos deshonestos
diciendo; Estados Unidos, ha bloqueado.

Que difícil es comprender la mentira…
o es que les gusta creer, a conveniencia,
los americanos visitan nuestra isla
y hablan mierdas…más de la cuenta.

MARIPOSA

Nunca dejo de trabajar en mis cosas
solo descanso para no sentirme aburrido,
soy competente al dejar volar a la mariposa
porque ella es la única, que fue fiel conmigo.

Con una orquídea…para dejar marcado
ese sentir que un día vivió aburrido,
hice mi trabajo, pero nunca estoy cansado
solo descanso, para dormir un poco tranquilo.

Soy incansable cuando algo me propongo
soy tenaz…calmado, y decidido…
las cosas pasan… como vuela la mariposa
por eso la quiero, porque es fiel conmigo.

Nunca dejaré de trabajar fuertemente
aunque me vean descansar un poco,
soy cumplido, aunque me sienta ausente
soy capaz…y el peligro, hay veces provoco.

¡Oh, mariposa!
Feliz me siento, porque te siento fiel
y solo a ti… hago mis confidencias,
me has acompañado porque sabes querer
por eso la orquídea, para ti está dispuesta.

EL POETA Y SU PLUMA

La pluma va viajando por el lienzo
tiñendo la blanca pureza del papel,
en él va plasmado los pensamientos
y algunas rimas, para sentirme bien.

Escribo algunas frases que van golpeando
en ésos, que leen y murmuran sin saber,
no vulgaridades, como deben estar pensando
solo cómo puede sufrir un hombre de bien.

El poeta va escribiendo de muchos temas
esperando que fragüen sus letras y deseos,
que entiendan que con amor escribe el poeta
para que muchos, se puedan mirar en su espejo.

Que importa que interpreten los temas…
si ensordecen para no escuchar los gemidos,
''parase…querer pasar por los dilemas''
y aceptar con manos cruzadas, lo que han oído.
La pluma seguirá tiñendo los blancos lienzos

para hacer constancia de pensamientos expresados,
las rimas, son la magia del poeta, porque así yo
pienso
por eso con la pluma, y en lienzo, quedarán
plasmado.

TINTERO

En el fondo de un tintero
quedaba tinta para escribir,
estos versos en el lienzo
que dejaré antes de partir.

La pluma estaba reseca
no halaba tinta del fondo,
era el tintero de un poeta
dolido por tanto asombro.

Al fin, la pluma absorbió
la tinta para los versos,
pude escribir, ya quedó
tatuado en aquel lienzo.

Quién los leerá, qué se yo?
allí quedaron plasmados,
aquel residuo que ha quedado
que en el lienzo se escribió.

Quedó fondeado el tintero
un poco de tinta dormida,
a penas pintaba la pluma
letras claras no se veían.

*** J.L.O ***

AMIGO EN COMÚN

Para ti amigo que deseas ayudar
a los menos válidos en literatura,
te esfuerzas para todos en general
y algunos discrepan por tu ayuda.

Todos saben todo… ¡en singular!
pues, sienten ofendido su orgullo,
no aceptan que seas tú, en particular
que implantes clases para los tuyos.

Te agradecen o no… qué mas dá!?
prosigue compartiendo de tus clases,
para mí, más que escuela, es fenomenal
pues, compartes de tu tiempo y enlace.

Sin soberbia... con toda voluntad
ha procurado, de muchos, mejora,
no solo por eso, agradezco su amistad
y menos, porque imparte clases ahora.

Agradezco las clases… y tu amistad
aprecio a personas que actúan bien,
observando la ignorancia, clases das
sin esperar que un día paguen bien.

*** J.L.O ***

MAESTRA EXCLUSIVA

Fácil como la tabla del cinco
difícil después de tener triunfo,
tareas se hacen en un brinco
pues es de la regla, oportuno.

Maestra que repasa con ternura
aplicando la tabla del cinco,
los alumnos, solo ven dulzura
y entre sus clases, bebe tinto.

Fácil y armonioso, da las tareas
sonriendo, contando hasta cinco,
deja interpretar de otras maneras
porque el tinto, la pone al brinco.

Triunfo es poder, números contar
dando explicación de las tablas,
la tabla del cinco, querer cantar
tal y como canta la sutil cigarra.

La maestra es muy divertida
los alumnos muy disciplinados,
la tabla del cinco, es exclusiva
pues la maestra, repasa a diario.

*** J.L.O ***

HAY PALABRAS

Palabras de pena ensordece
tendida en campos maltratadas,
palabras, de tu gala florecen
porque la suerte, está echada.

Palabras, que las tildes penetran
como espada, en corazón ajeno,
aunque haya vencido respuestas
ese contenido será verdadero.

Palabras que escribes con la mano
al poeta vida da, y con ellas sostiene
escribiendo sobre los profanos
imaginando, como ellas mueren.

Palabras, versos que son promesas
admiración que el poeta merece,
escribiendo, es como sembrar letras
en los corazones, cuando florecen.

Palabras que entristecen, o ofenden
jamás, se les dicen al que quieres,
duelen, como mordidas de serpientes
que lentamente, te ve, como mueres.

*** J.L.O ***

BOCETO

Hice un boceto para encontrarte
fue imposible su exactitud,
fue muy difícil poder compararte
porque no existe otra mujer como tú.

Con mis manos, dibujé tu estructura
no tan hermosa como eres tú…
solo en las lineas, destila dulzura
pero jamás la imagen fue gratitud.

Hablé con mis manos, al hacer el boceto
creava en mi mente, tu figura tan bella,
quise con mis dedos encontrar mis versos
pero mi hermosa obra, no era perfecta.

Existen bocetos, hechos a semejanza
ninguno de ellos, se comparan contigo,
y tú sutil estrella, que dejas constancia
porque su brillo, resplandece contigo.

Hice un boceto… pero jamás te encontré
porque mis manos, no dibujan a perfección,
te dibujé muchas veces… te dibujé…
y de encontrarte un día…tengo ilusión.

*** J.L.O ***

MUJERES

Mujer… tu silueta se transforma en sueños
tu rostro no envejece, sólo muestra experiencia,
tu sentir, es un manjar de pasadas ilusiones
tu sonrisa… aún muestra aquella belleza.

Tu río de sentires… aún estarán ilusionados
sueñas con aquella aurora cuando amaneció,
serás siempre, entre todos los seres humanos
una estrella que alumbra… la que respeto yo.

El cuerpo es transformado por el tiempo
pues obviamente al procrear, éste se hinchó,
sublime ángulo…que soñó en su tiempo
hoy queda el relámpago, que ayer iluminó.

Mujer… la esencia femenina es hermosa
aunque el tiempo haya marcado su cuerpo,
serás bendecida, porque eres primorosa
y por traer a la luz, un nuevo engendro.

Quién se fija… si ellas nos dieron vida?
nueve meses batallando en su interior,
siempre las madres, nos regalan su alegría
y esperan que no burle de su transformación.

*** J.L.O ***

NOSTALGIA

Nostalgia siento por mi tierra
ya que hace mucho, no visito,
he vivido en una cruel guerra
y no se ha visto un plebiscito.

Tristeza es estar muy lejos
sin nada de chance de visitarla,
no la alcanzo ver con catalejos
aunque no me canso de amarla.

Mi cuna… ya no la he visto
no se en que condiciones está,
tampoco mi madre la ha visto
pero ahora… ya ella no está.

Duele la nostalgia por la tierra
se siente un dolor muy profundo,
el que la tenga, que cuide de ella
que no tenga que conocer otro mundo.

__Nostalgia… por qué duele tanto?
no puedo resistir por mas tiempo,
estoy triste por no ver su encanto,
la veré en otra vida, quizás muerto.

*** J.L.O ***

PENSAMIENTO

Gloria nos brinda el señor día a día

Aveces dudan, de su existencia,

Debemos aceptar sutil alegría

Unidos, en paraíso y presencia.

25- 11 - 2016

Sin imaginar el gran festejo

La sorpresa me sorprende,
El día 25, mi alma se alegró
Por la partida del presidente.

Suena mal; pero es lo que siento…!
No se evitar la gran alegría,
Soy como soy…lo demás es cuento
Él destrozó la tierra mía…

__Qué importa lo que otros piensen…!
Sino conocen la realidad….
Cuba; fue un paraíso ante que ellos,
Hoy, solo es una calamidad…

Algunos han olvidado al llegar al extranjero
Las muchas cosas que han pasado,
Cuando tienen el estomago lleno…
'Con ellos, se dan la mano'…

¡ Yo sigo con mi gran alegría…!
Festejando aquí en la tierra,
Su deseada partida.
__¡ Como disfruto con ella…!

Muchos han sentido su muerte
Pues, a la hipocresía se acostumbraron,
Aunque el hambre sea imponente
Aplauden los desgraciados…

Siempre había escuchado
Que el pueblo lo merecía,
Por seguir al degenerado
En sus multiples mentiras.

Hoy; ya estoy convencido
Pues las pruebas están a la vista,
Hoy aplauden a Fidel
Ayer aplaudieron a Batista.

El cubano se acostumbró
Al hambre y a la miseria,
Solo vive el que recibió
Dólares de la gran potencia.

Hoy; muchos creen en Dios…!
Ayer no lo aceptaron…
Cuando el comandante gritó
Que crean en él…o, és pecado.

'La memoria al pueblo le falla'
Jamás, se reviraron…
Insultaban al que lo hacía
Como la gatita de Maria Ramos.

Muchos años en espera
De esa necesaria partida,
Sintiendo en silencio las quejas
De cómo sobrevivían…

Están obligados al luto,
Pues, no puedes decir buenos días,
Lo han paseado como tributo
Sabiendo que fue porquería.

Cuando conozcan su historia
De lo malvado que fue…!?
Odiarán su memoria
Como el mundo olvidó al che.

Si en el más allá se castiga
Como dicen que eso pasa…!
Quemado y con fatiga,
Para que todos recuerden
Que queda la llegue en casa.

*** J.L.O ***

KYLIE

Kylie, acabas de llegar al mundo
Y contigo traes paz y armonía,
Serás la reina de un sentir profundo
Que a tus padres alegrarías.

Todos te van a querer
Pero tu abuela, mirará por tus ojos,
Con esas ansias que nació ayer
Ya se olvidarán del enojo…

__Es, casi imposible creer…!
Que un ser, tan pequeñito,
Una, a la familia en querer
y que se quieran bonito.

Del cielo les llega un suspiro
Un abrazo de felicidad…
Correrán cuando sientan un quejido
Allí estarán, al pies de la cuna sus papás.

¡ Que Dios bendiga a la inocencia
Que hoy compartirá éste mundo,
Sé lo que sienten, por experiencia
Sé que todos…la querrán mucho.

(JULIO 22 DE 2016)

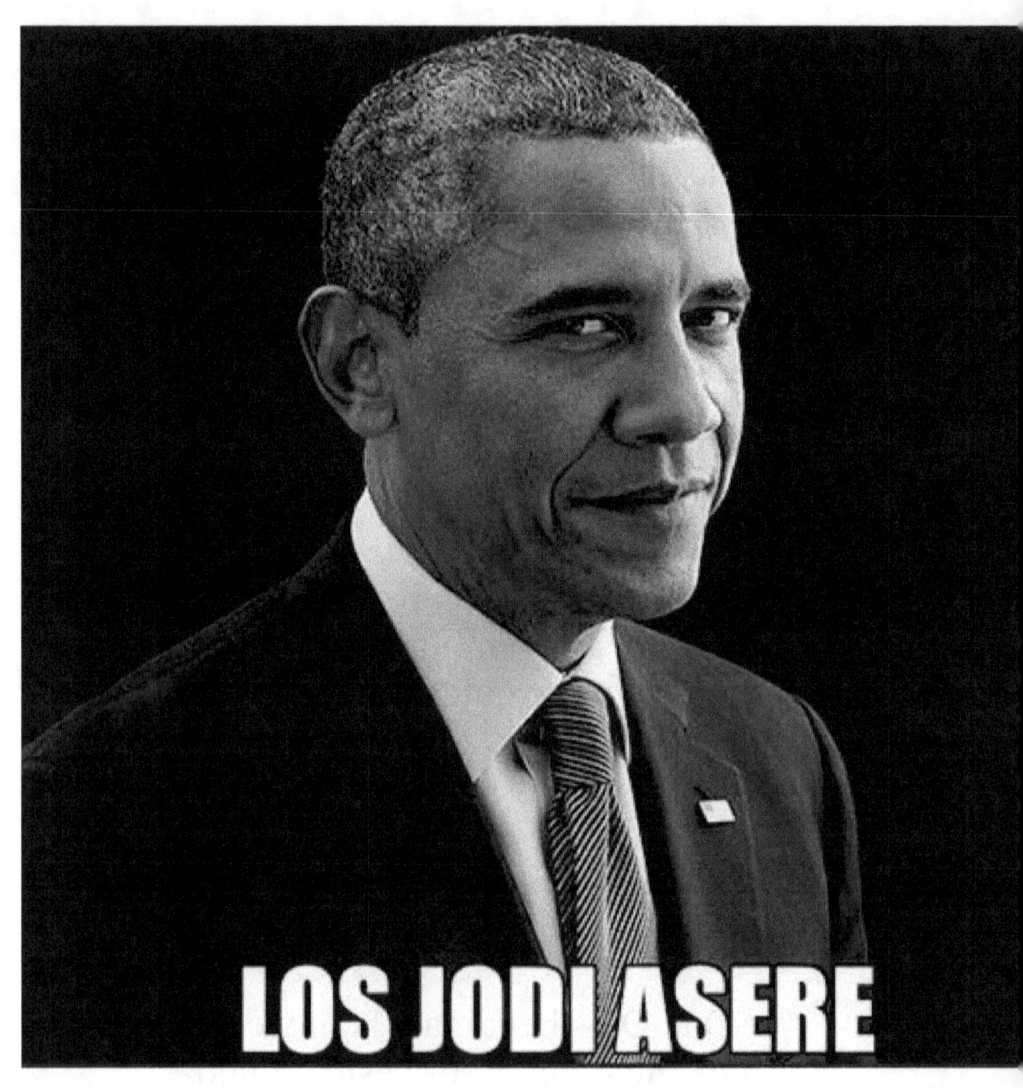

LOS JODI ASERE

A, OCHO DIAS

A ocho días de abandonar la presidencia
Obama; dejará escrito en su historia,
para que nunca olviden su presencia
Y el lucro de los cubanos, no sea de vanagloria.

Después de clamar por el gran exilio
Esos cubanos que llegan pidiendo libertad,
Al conseguir beneficios; vuelven atrás
Para dejarles los dólares al comunismo.

Llegaron…gritan, he insultan al imperialismo
Después de saber que aquí tienen que trabajar,
''Pues, todos fueron expuestos a bisnear
Aplaudiendo al gobierno y despotismo.

''Los menos… llegan a trabajar''
Son expuestos a las leyes del presidente,
Pues, entre ellos, llegan muchos delincuentes
Que luego vuelven a su tierra para lucrar.

El pretexto es volver ver a sus familiares…!
''Infamia'' para los contribuyentes,..
Irrespetando al exilio y a su gente
Que no vuelven, porque respetan los ideales.

(Enero)

SOY

Soy el amigo incondicional

ése que muchos no conocen,
un bohemio que sabe andar
tras el horizonte,
donde el sol se esconde.

Soy, tal vez, el que te aprecia
el mismo que conociste un día,
aquel que te lleno de alegría
el mismo, que otros detestan.

Soy, de la amistad, la respuesta
el mismo que nunca destiñe,
el que si le hablas, te contesta
el que no desea que olviden.
*** J.L.O ***

__¡No creo en la condena Cuando no hay justicia…!

Jorge L. Otero Hernandez

FIN

www.ingramcontent.com/pod-product-compliance
Lightning Source LLC
Chambersburg PA
CBHW051632170526
45167CB00001B/165